PAGEBOY

佩吉男孩

他的破框與跨越

ELLIOT PAGE
艾略特・佩吉——著
艾平——譯

致

所有走過這條路的人

CONTENTS 目錄

好評推薦

「沒想到從《鴻孕當頭》走紅之後，艾略特・佩吉在幕後有這麼多不為人知的性別認同議題，近年更勇敢地走出屬於自己的認同之路。這本書記載了種種細節，值得更多溫柔的眼光解讀他的故事。」

——膝關節，台灣影評人協會副理事長

「展現真我是一生功課，本書正是領航指南。」

——潔美・李・寇蒂斯（Jamie Lee Curtis），美國演員、奧斯卡金像獎最佳女配角

「熱情、深刻、動人，極具深意。這不僅僅是一本關於跨性別的書，更是關於做為人類的意義。」

——阿洛克・瓦德—梅農（Alok Vaid-Menon），美國作家、表演藝術家

作者序
掙脫框架，成為全然的自己

這些年來，寫書的念頭在腦海中浮現過幾次，但感覺就是不太對勁，說白一點，根本就不可能做到。過去，我連坐著都很吃力，更遑論維持一個足夠專注的狀態，來完成這樣一項任務。我的腦力一天比一天枯竭，有個滴滴答答的聲音響個沒完，企圖掩飾與控制我的不安。

但現在不同了，現在煥然一新。我終於能和自己在這具身體裡共處、共存——打上幾個小時的字，狗狗阿莫趴在一旁晒太陽，我的背挺了起來，思緒也安靜許多。如果沒有一路上獲得的醫療照顧，我不可能有機會享受這股過去無法想像的滿足。隨著社會對於性別肯認照護（gender affirming care）的攻擊漸增，逼迫我們噤聲的壓力加劇，此刻似乎是將想法化為文字的時候了。

所以我提筆，懷著感恩與害怕的心情，直接和你說話。跨性別者面臨的身體暴力日益增加，我們的人性經常被端上媒體「討論」。而當我們有機會親自述說自己的故事時，酷兒的話語又太容易被針對、被挑毛病，甚至更糟，被概括——將單一的經驗視為整體。**酷兒和跨性別者有無限多種姿態，我的故事只是其中之一**。如同我將於後面的內容中提到，我們都不過是宇宙中的一粒塵埃，而我希望透過訴說我的真相，為宇宙再添一粒，以驅散長期包圍在酷兒和跨性別生命周邊的諸多誤解。如果你還沒這麼做，我建議你快去聆聽來自其他LGBTQ+作家、社運人士及一般個人的聲音，那些廣泛且多樣的聲音。

跨性別解放運動影響著我們所有人。**我們每個人都在以不同的方式既愉悅又沉重地理解著性別、經驗著性別**。正如美國跨性別社會運動者費雷思（Leslie Feinberg）在《跨性別解放》（*Trans Liberation*）中所說：「這場運動會給人更多的空間去呼吸，去成為自己。讓人繼續朝深處挖掘，找尋做自己的意義。」

在寫這本書時，我盡可能地試著記清每個瞬間，想不起細節的時候，便去請教與我共享該段經歷的人，期望能讓內容更清晰。為了保護某些人的身分，我換掉了幾個人名，一些細節也做出必要的修正。我在某些段落使用了過去的舊名和代名詞稱呼自己，針對部分情況，談到過去的我時，這麼做似乎是對的選擇，但並不代表我歡迎其他人也這麼做。

此外，同樣重要的是，雖然性別（gender）與性向（sexuality）在我的生命中始終互相對話，但兩者不可混為一談。以酷兒的身分出櫃，和以跨性別者的身分現身，是截然不同的經歷，**而當我從他人的期望中掙脫，「我是誰」的概念便也隨之演變**。這些記憶構成的敘事是非線性的，因為酷兒性（queerness）本身就是非線性的，是曲折纏繞的諸多過程。前進兩步，後退一步，我的人生花了很多時間朝真實一一削減，一邊害怕會導致崩解。我刻意讓這種心情在紙上呈現。從很多方面來說，這本書是我解開自己的故事。

寫作、閱讀，以及分享自身經歷，是挺身反抗那些想讓我們閉嘴之人的重要一步。我想說的不是什麼新鮮或深刻的事，也並非聞所未聞的創見，但我知道書本曾經幫助過我，甚至拯救了我，所以，或許這本書也能幫助某個人，讓某人不再那麼孤單，讓某人感到被看見，無論某人是誰，無論某人正走在什麼樣的道路上。謝謝你想要閱讀關於我的故事。

「這世上有許多結束與開始。
一個循環結束，會留下何物？
也許某道火花，曾熠熠生光，將再度綻放。」

——貝佛利．葛倫．柯普蘭（Beverly Glenn-Copeland），
〈一首歌與多個月亮〉（A Song and Many Moons）

1 寶拉與我

認識寶拉時我二十歲。她坐在我們朋友的沙發上，雙腳縮起，膝蓋抵在胸前，嘴裡嗑著生杏仁，介紹自己：「我是寶拉。」她的嗓音散發著溫暖，很友善。她的眼神，與其說是發亮，不如說是發現了你。我能感覺到她在看。

我們去了「倒影」。這是我第一次去同志酒吧，也是往後很長一段時間中的唯一一次。我很不會調情，總是無意間讓人會錯意，真的有意時卻老是搞砸。我們站得很近，但又不會太近。空氣凝滯得很，我游於其中。

那個夏天，我們向朋友借了艘船，去一座無人島上露營。我們在營火旁吃了迷幻蘑菇，將鮭魚用鋁箔紙包起來烤。天上星星一閃一閃，彷彿在琢磨著語句，試圖與我們聯繫。迷幻蘑菇老惹我哭，但她很愛，後來，我焦慮的淚水便轉變成了喜悅。我羨慕她舉手投足間的自信。我們在海邊起舞。吉他弦音響起，我們輪流彈奏，彈得很爛。

那時，我剛和小時候的死黨馬克一起走完一趟東歐背包客之旅，旅程為時一個月。我們從布拉格啟程，搭火車去維也納、布達佩斯、貝爾格勒和布加勒斯特。我們睡在背包客棧，只有布加勒斯特的第一天，因為馬克實在病得太重，我們才住進一間有空調的飯店。我跑去商店買了一包片裝的起司，放進那間小飯店的小冰箱的小冷凍庫裡。等起司變冰的空檔，我將衣服浸溼，敷在馬克的後頸和背上。起司被凍硬之後，我把它們一片片敷上他全身，似乎發揮了一些功效。房間裡有座按摩浴缸，我們沒放水就坐了進去，開始轉起電視頻道。轉啊轉，轉到一部色情片，場景湊巧也是浴缸。馬克咬了一口起司。

當時還沒有智慧型手機，要查火車班次、查旅館、查哪裡有男人，全得仰賴一本旅遊指南。我們會去網咖傳訊息回家：「嘿，我們還活著。」我會寫電子郵件給寶拉，渴望起她。我無時無刻不在想她——搭車駛經奧地利，一大片向日葵花海躍入眼簾時；在貝爾格勒的一處地下室，我喝著藍莓啤酒，嘴唇染上紫色，意識天旋地轉，彷彿回到我們上次的吻，回到我們第一次接吻時；在幾十年來最嚴峻的熱浪中，搭十二小時的火車，從貝爾格勒前往布加勒斯特時。

我和馬克在同一張臥鋪上挨著彼此，我們的頭盡可能地往打開的窗口湊。車廂沒有空調，而我們也沒水喝。我們共用一副耳機聽著貓女魔力（Cat Power），小啜幾口艾碧斯酒。你是不是也在聽呢？聽我為你混錄的唱片？我揣想著，內心話差點脫口而出。夜空在我眼前後退，窗外的塞爾維亞鄉間景色反覆千篇，唯有時不時出現的稀疏燈光，一閃而過。我想起寶拉。

「倒影」那次對我來說是全新的體驗。**置身於酷兒的空間，活在當下，享受其中。從很小很小的時候開始，我的骨子裡便注滿了羞恥，而我奮力想將那有毒的、陳腐的、具侵蝕性的骨髓從身體裡抽離**。然而，「倒影」的空間中有股喜悅，將我抬升，迫使下顎做出反應，不由自主地一直微笑。我舞動著，前胸後背都是汗水。寶拉的頭髮隨著她翩然的舞姿上下左右甩動，狂熱但節制，性感又有力。我注意到她在看我，還是說剛好相反？我們想要被逮個正著，好似被頭燈照亮的鹿。慌張，卻不逃。

「我能吻你嗎？」我問，被自己的大膽嚇到，彷彿它來自別處，也許是受電子音樂驅動，連成一圈釋放的迴路，命令你將壓抑拋在門外，別帶進來。

我吻了下去。在同志酒吧。在眾目睽睽之下。我終於恍然大悟所有那些詩句的意涵，那些小題大作從何而來。此刻之前一切皆冰冷、靜止、無感，我愛過的每個女人都不愛我，而唯一一位可能愛過我的，是用錯的方式在愛。

但此刻，我在這裡，和一位想吻我的女人一起待在舞池裡。平時那個每當我感受到欲望，便衝上腦袋與我作對的冷酷人聲消失了，也許，一秒鐘就好，我能允許自己享受歡愉。我們傾身，讓脣瓣和脣瓣輕撫，舌尖幾乎沒有互觸，小心測試著，一陣酥痲傳遍四肢。我們凝視彼此，什麼也沒說，什麼也不用說。

我來到了懸崖邊。我越來越靠近內心的欲望、夢想及自己，也拋開了長久以來所背負

不放的，沉重到難以承受的自我厭惡。但幾個月能改變很多事。再過幾個月，《鴻孕當頭》（*Juno*）就要首映了。

2 性向猜猜樂

艾倫．佩姬性向猜猜樂——我掃過標題，臉上失去血色。這是《鴻孕當頭》人氣正旺時，《村聲》（*Village Voice*）雜誌登出的一篇文章，作者是麥可．穆斯托（Michael Musto）。我迅速掃過文章內容。麥可對一位二十歲少女的性向大加臆測，並做出總結：「早就該爆出來了，她到底是不是？就是那個，你知道的，蕾絲邊嘛！她的穿著打扮的確很……你懂的，很T……讓我們來把這些臭女同志的線索串起來吧。朱諾到底是不是『那個』？」

一夕之間，我成了眾所矚目的焦點，但早在我還住加拿大的時候，「臭女同志」這個稱號便屢屢在成長過程中出現。上了高中後，霸凌招數翻新，從班上人氣女孩的冷嘲熱諷，變成強押我進男生廁所這種相對戲劇化的舉動。我被推進去，陌生而刺鼻的尿味撲來，我豎耳等待，等他們的笑聲散去、越盪越遠——離開時卻迎面撞上板著一張臉的英文老師，嚴肅地盯著我說：「去我辦公室！」我道歉，沒說我是被逼的。

霸凌升溫的不久前，為了參加足球比賽，我和一位名叫費歐娜的女孩成了室友，一起住在聖法蘭西斯薩維爾大學（St. Francis Xavier University）的宿舍裡。該所大學位於安蒂崗尼希市（Antigonish），就在加拿大新斯科細亞省（Nova Scotia）的西北端，距離布雷頓角（Cape Breton）只有幾步之遙。學校會定期舉辦蘇格蘭境外現行最久的蘇格蘭高地運動會（Highland Games）。「Nova Scotia」是拉丁文中「新蘇格蘭」的意思，不過這一區所隸屬的土地原名為米克馬基（Mi'kma'ki）。米克馬克人（Mi'kmaq）＊定居於此已有超過一萬年的歷史。

我至今仍記得費歐娜的笑聲。我能從一片噪音中辨認出來，她的笑聲會穿過所有雜訊，鑽入我的雙耳，在我身體裡膨脹。我很想靠近她，想要她渴望我。我是隊上的右翼中場，速度快，個頭矮小但拚勁十足。她則是清道夫，我們隊的最後一道防線，同時也跟踢中路中場的球員一起擔任雙隊長。她是天生的領導者，有威望，但為人親切。她很罩。我愛看她踢球——強勁、流暢，而且帶著一股令我羨慕的自信。我深深著迷。

我們躺在硬邦邦的床上，各自占據房間的一側，牆面覆著一層廉價的深色木材。我盯著天花板，深吸一口氣，不確定要憋著，還是吐出來好？**這種感受相當奇妙，彷彿在偷看一種未來的可能性**。

「我覺得我可能是雙性戀。」我沒頭沒腦地說，從來沒對任何人吐露過類似的話。

「不，你才不是。」她立刻回應，是個下意識的反射動作，並且咯咯笑了起來。

這一次，她的笑聲既無情又刺耳，但我還是想和她一起笑。同性戀真是可笑又糟糕，不是嗎？光是在健康教育課上出現「同性戀」這個詞，就會引發一陣竊笑，放學後回家看的那些情境喜劇更是雪上加霜。每次別人或我自己拿同志開玩笑，那個玩笑都會堵在那裡，像是卡在鞋底上的屎。聚光燈從舞台右側移到舞台左側，我會圍著它跳踢踏舞，像條落水狗，急著想甩掉它，把它甩出去。

我想不起來之後我們又聊了什麼，只記得迴盪的笑聲，還有硬邦邦的床面。

我睡不著，凌晨五點左右溜到亮著日光燈的走廊上，坐在地上看起書。美國小說家馮內果（Kurt Vonnegut）是我這輩子第一位真正喜歡的作家，「鼻間指向——你們知道是誰」[†]。我正在讀《夜母》（*Mother Night*），一本談論道德灰色地帶的小說，馮內果寫道：「我們是我們所假扮的樣子，所以我們得小心選擇要假扮什麼。」我獨自坐在走廊，咀嚼著這些字句。恥辱感以穩定搖擺的頻率在我體內震盪。有什麼東西正在從我的指縫間流失，不可能抓得住。我靜靜等待太陽升起。

---

* 加拿大東部沿海各省最大的印第安部落。

† 出自馮內果一九六三年出版的科幻小說《貓的搖籃》（*Cat's Cradle*）全書最後一句。

所有人都會在公共區域一起吃早餐。菜色有提姆霍頓咖啡店的貝果，以及一大袋某位家長送來的柳橙。大人會在一旁看著我們，邊享用著他們的咖啡。我安靜地用餐，不知道該怎麼面對費歐娜，覺得還是先避開比較好。我抓起護脛，打算早點去球場為比賽暖身。

「臭女同志。」從某處傳來的詞彙賞了我一記耳光，還搭配上某種我日後會相當熟悉的惡劣嘲諷表情，彷彿在幸災樂禍：哈，我跟你才不一樣。說話的人是費歐娜一位人緣好的朋友。真的很傷人。**那是種被孤立的痛，一句看似無心的話，實則難以抹滅**。

生活在那之後就變了調。某些東西被斬斷。我能察覺那些交頭接耳，那些能量的轉變，還有流言蜚語。也許是好事？搖搖欲墜的牙總得拔掉。

如果艾倫是女同志怎麼辦？

幾個月之後，爸爸和我回新斯科細亞省的洛克港（Lockeport）拜訪奶奶，那是個位於南岸區的小漁村，人口只有五百多人。一艘艘漁船停在港邊，沿著長長的碼頭排成一列，船身顏色彷彿聖誕節的彩燈。磨舊的黃，褪色的紅，各種不同色調的藍。一張新斯科細亞的明信片。

我還小的時候，每年的七月一日，爸爸都會帶我回洛克港。這是個在我家鄉被稱為「加拿大日」的節日，和美國的獨立紀念日很像，但少了一點從皇室獨立出來的味道，更像是「加拿大的生日」。身為一個從小在新斯科細亞長大的白人小孩，我對我們的歷史和定位一無所知。無論是過往犯下種族清洗的嚴重程度、系統性的種族歧視，或是種族隔離制度，都沒有人教過我。

我以為加拿大日不過是放放煙火、走走遊行、在教堂地下室吃吃草莓海綿蛋糕的日子，加上我最喜歡的活動「爬油柱」——一根又長又細的圓木平放在碼頭上，一端朝海港突出，離水面有一大段距離。堅硬的木頭上塗滿厚厚一層豬油。伸向大海那側的圓木末端放著另一大塊豬油，底下壓著一堆現金，讓參賽者去搶。說穿了，只有兩種方法能做到：第一種，趴著過去，速度要慢，小幅度地向前移動，然後再慢下來，但這種方法通常都以失敗收場。第二種，成功的關鍵似乎是盡可能用最快的速度滑行出去，盡可能地把錢掃下去，然後投奔大西洋的冰冷懷抱。浮上水面後，在酷寒的海水中撿拾那些掉下的鈔票。海鷗會在上方盤旋，朝漂浮在海面上的豬油俯衝。不，我從來沒試過。

奶奶還住在爸爸從小長大的那棟房子。那是一棟兩層樓的矮房，有三間臥室和白色的牆板。房子的後方是森林，一望無際的森林。對街則是我爺爺的雜貨店，佩吉商店。這家店至今還在，雖然我不確定店名現在叫什麼。他們裝了一台加油機。

二樓的臥室之間有一座長型的衣帽間，可以從一間通往另一間。我還小的時候常常躲進裡頭，想像自己舞進一處異想世界，門是那麼的小，彷彿為我量身打造。我會拉扯燈泡上的鍊條開關，讓裸露在外的燈泡照亮我的寶物收藏。這一幕非常有演電影的感覺。我會察看一箱箱子彈，仔細檢視，眼睛瞇得像位珠寶商，對於如此小的物品竟能殺死穿梭於森林的雄鹿而感到著迷。牠們健壯的身軀高速奔馳，看起來雄偉至極，不可能被這麼迷你的物品擊潰。

「丹尼斯，如果艾倫是女同志怎麼辦？」奶奶趁我們都坐在她的陽光玻璃房時問我爸爸。她的語氣和平時發表種族歧視言論時一樣尖銳。倘若套用艾拉妮絲·莫莉塞特（Alanis Morissette）＊版本的諷刺來做總結，說這句話的奶奶，與我剛出生時，送一隻爪子和耳朵上印著彩虹的熊玩偶給我的奶奶，是同一個人。那時的我十六歲，剛為一部接演的電影剃頭。電視轉播著多倫多藍鳥隊的比賽，棒球是奶奶最喜歡的運動，而她最支持的球隊是多倫多。還是波士頓？那次是她過世前我最後幾次見到她。我很好奇，假如她現在還活著，會對她的孫子有什麼看法？我不覺得她還會挑彩虹的款式。有些人確實是會變的。

在好萊塢，被藏起來的小酷兒

《鴻孕當頭》大紅時，恰好是諸多同業告誡我千萬別對外張揚同性戀身分的時候。他們說那樣做對我不利，該為自己留後路，要相信這麼做對我最好。所以我穿上禮服，化好妝，給攝影師拍照，將寶拉藏起來。

我受憂鬱症所苦，恐慌症發作得厲害，劇烈到快要崩潰的程度。我幾乎無法正常生活。麻木、沉默，胃裡彷彿有根釘子，我無法開口訴說自己有多痛苦，畢竟「我的夢想成真了」，至少別人是這樣說的。我打發自己的感受，嫌自己小題大作，譴責自己不知感激。我太過愧疚而不敢承認自己受傷了、失能了，不敢承認我看不見未來。

讀完穆斯托的文章後，我打給經紀人，但最後，我們只獲得一篇後續的部落格文章，裡面詳細記載了他們的談話內容：「『懷疑一個人是不是同性戀，又不是什麼傷天害理的事。』我氣得大喊。」說得沒錯，揣測他人是不是同性戀，既不傷天，也不害理，但此舉

* 九〇年代加拿大傳奇搖滾女歌手。

之所以輕率又危險，是因為寫作者忽視了被議論的那位年幼酷兒究竟經歷過什麼。

《鴻孕當頭》在多倫多國際影展首映上獲得相當熱烈的迴響。當時的我並沒有聘請私人公關，這是因為先前發生過一件事，讓我決定自己來。有名純真的青少年問：「你看過《西娜公主》（*Xena*）嗎？」卻獲得公關這樣的回答：「沒有，因為我不是女同性戀。」我很高興不必再和那位公關共事，她的回答完全體現了好萊塢為人詬病之處——虛假、空洞、恐同。話雖如此，我還是沒有準備好，也沒有足夠的經驗能獨自駕馭這突如其來的人氣。

在加拿大以演員身分長大的感覺很不一樣，尤其是我小時候那個年代。加拿大並沒有凡事追求光鮮亮麗的文化，也沒那麼迷戀閃閃發亮的東西。那些不得不包裝自己的要求，是在《鴻孕當頭》之後才出現的。

我原本打算穿牛仔褲和一件「類」西式的襯衫去參加《鴻孕當頭》的全球首映會。我覺得這樣搭配很不賴，而且有領子。不錯看吧？我心想。福斯探照燈影業（Fox Searchlight Pictures）的公關團隊得知我的造型後，緊急把我抓去布魯亞街（Bloor Street）上的霍爾特倫弗魯精品百貨公司，搞得一陣雞飛狗跳，完全是標準的好萊塢作風。我建議穿西裝，但他們說我應該穿禮服配高跟鞋。他們和導演討論了一陣後，我接到導演的電話。他同意他們的看法，堅持要我乖乖配合。另一名主演麥可・塞拉（Michael Cera）身穿運動鞋、休閒長褲和有領襯衫亮麗登場。我覺得他這樣穿很時髦。我很想知道，他們為什麼不帶他去百貨公司？我猜，他大概沒什麼需要遮遮掩掩的吧。他獲得認可，他做得很好。

被迫覺得自己不夠好、不正確，是一個需要被藏起來的小酷兒，同時，卻因為如此否定自己而受到大眾喜愛，這整個狀況成了一道滑坡，我記不得自己是從何時開始一直向下滑落。它就像一層黏在肌膚上的薄膜，怎麼洗都洗不掉。一股衝動湧現，想要把身上的肉給撕下來，這股衝動像是一種斥責——我變得跟身上的肉一樣令人生厭。

我待在洛杉磯的時間越來越長，參加《鴻孕當頭》記者會、會議，以及實際上整整為期兩季的「頒獎季」。在新斯科細亞，另一家媒體深入調查了我的性向，也許是想要打敗穆斯托的那篇「性向猜猜樂」。《法蘭克》(*Frank*)是一本總部位於哈利法克斯(Halifax)，自一九八七年起發行的「雜誌」。他們視自己為時事諷刺型雜誌，其實更像是八卦小報。當時我人正在聖塔莫尼卡(Santa Monica)，接到爸爸打來的電話，說我登上了封面。那是一張我在日舞影展的照片，上頭壓著大大的標題，寫著——艾倫．佩姬是同性戀嗎？

我當場崩潰。坐在朋友開的民宿的床上，我緊閉哭溼的雙眼，臉上沾滿淚水。拜託，請讓這一切只是場夢。求你了。

回到哈利法克斯後，我發現這本雜誌無處不在，雜貨店、加油站、街角商店……到處都是它的蹤影，無不站在架上問著同一個問題——艾倫．佩姬是同性戀嗎？寶拉會把它們翻到背面，藏在其他雜誌後面。有一次她還偷走了南岸區一間加油站的整落庫存。

那個夏天，我和寶拉在一起所嘗到的自由滋味，即將劃下句點。

寶拉的身影出現在報導的某張照片中，那是我們幾個人在一場派對上的合照。我至今依然記得那晚，我們聚在哈利法克斯其中一棟大樓公寓裡，那是一棟路上越來越常見、同一個模子刻出來的大樓。該篇報導針對我們兩個是否正在交往有諸多臆測，仔細羅列各方流言。寶拉那時還沒向家人出櫃。我盯著那張照片，頓悟了一件事：照片一定是某個朋友流出的。我至今仍不知道是誰。

3 我可不可以當男生？

我們是在網路上配對成功的，這是我第一次使用交友軟體，也是我第一次公開以跨性身分和別人約會。在曼哈頓的肉類加工區（Meatpacking District）吃完晚餐後，我跳上開往中城的火車，去跟莎拉及她朋友碰面。我很緊張，但也很亢奮，這種說走就走的冒險對我來說很新鮮。

那間酒吧有點俗氣，但我喜歡。我四處張望找她，目光最終落在一群女人身上。她們坐在一張高腳桌旁，看起來已經喝了幾杯。我討厭高腳凳，它們和我的短腿合不來。那群女人友善地招呼我、歡迎我，再拉了一張凳子來。

她們每一位都長得很漂亮，身高大約落在一百八十公分。我開始懷疑起這次的配對。她們會不會只是醉了，在交友軟體上亂滑，對出現在螢幕上的我感到困惑？你們看，這個小跨男。她們是不是刷遍一圈直男，滑過性感的錄音師、職業運動員、醫生，然後在我的照片上停下——閃過一瞬的噁心，或可笑，或兩者皆是？

我點了一杯龍舌蘭蘇打加冰塊和萊姆。電視開著，桌上散落著食物的殘渣。我乾了那杯酒，再點一杯。

「新斯科細亞。」我說，回答「你是哪裡人」的必考題，「在加拿大。」我補充。

「加拿大？我還以為是在北歐之類的。」她其中一位朋友回應。

我喝完第二杯酒，起身到外面抽根大麻菸。莎拉跟上。

「你是什麼時候知道的？」我們靠在酒吧的外牆上，她俯視我，開口問。有那麼一瞬間，我不知道她在說什麼。這問題我經常被問，但你不會想在一個輕鬆的玩樂之夜遇到這種問題。過去，我還是一名酷兒女性時就被問過，但跨性成為男人之後，更是揮之不去。這個疑問暗示著——我不相信你。

別人眼中的我，我眼中的我

我是在四歲時知道的。當時我在哈利法克斯市中心的基督教青年協會學前班就讀，學校就在公園南街（South Park Street）上，公共花園的對面。校門口曾經有道深色磚牆，後來就拆掉不見了。簡單來說，我知道自己不是女生。不是理智上這麼想，而是單純如此覺得，非常純粹。那種感覺是我最早且最清晰的記憶之一。

學校廁所位於走廊盡頭。我會嘗試站著尿尿，覺得這樣比較適合我。我會用手按住陰部，夾住、捏起，然後擠，想要瞄準。隔間被我弄得很髒，但反正廁所本來就常有尿味。

我對於這些經歷感到不知所措，和其他女生都很疏遠，每當我注視她們，胃就會絞在一起。我對其中一位印象特別深刻，珍。她那又長又棕的秀髮，她擅於畫畫的樣子，她的眼神專注而沉靜。我很嫉妒她的藝術天分。我筆下的人，四肢總是從頭部向外戳，手臂畫得像樹枝，手指就只是細細的幾條線，還有鳥仔腳配上過大的球鞋。珍可就不一樣了，她會畫出身體、肚子和肚臍。我看得目瞪口呆。她是我第一個暗戀的對象，但我知道我跟她不一樣。

「我可不可以當男生？」六歲時我向媽媽問道。

那時，我們住在第二大道（Second Street）上，離邱吉爾街（Churchill Drive）的閣樓公寓舊家只有幾分鐘的步行距離。我們家是棟一樓平房，街道上綠樹成蔭。房子裡有兩間臥室，硬木地板，以及一間帶有大窗戶的溫馨小客廳。我會坐在電視機前打SEGA電動，一打就是好幾個小時——阿拉丁、冰上曲棍球、音速小子——並在角色快死掉的時候向上帝祈禱，祈求萬能之力幫助我破關。所謂「戰場上沒有無神論者」正是如此。

「不行，寶貝，沒辦法。你是女生。」我媽回答。她停頓了一下，眼神並未從她有條不紊折著的廚房擦巾上移開，然後開口說：「**但是任何男生能做的事，你也都能做。**」一條接著一條，她將擦巾整齊地疊放回原位。

此景讓我想起她在麥當勞為我點兒童餐的表情。我每次都會雀躍地撒嬌，堅持要拿「男生的玩具」。媽媽替我要玩具時的尷尬全寫在臉上，她會發出一種不好意思的笑聲，其中摻著一絲羞恥。通常，店家最後給的還是女生款的玩具。

十歲時，人們開始把我當成男孩。我頂著整整吵了一年才獲准剪短的短髮，在哈利法克斯購物中心為前後的人開門時，開始會得到一句「謝啦，小子」。

我無法理解自己為什麼不是男生。哪怕身上的衣服只有那麼一丁點女性化的設計，我都會扭來扭去、坐立難安。**身邊每個人眼中的我，和我自己眼中的我，是不同的兩個人，**所以童年大部分的時間裡，我都寧願自個兒待著。我總是自己和自己玩，什麼都可以玩。我稱這些遊戲為「個人遊戲」。

「媽，我現在要去玩個人遊戲了。」我會這麼說，接著大步上樓回房間，關上門。

我很喜歡玩具公仔——蝙蝠俠和羅賓，虎克船長和彼得潘，天行者路克，還有兩隻頭髮被我剪掉的芭比娃娃，是快樂兒童餐附送的。儘管要求的是「男生的玩具」，最後餐袋裡裝的還是「女生的玩具」。當時的我就是刻板印象的化身，只是並非我媽所期盼的樣子。

我會沉浸在個人遊戲中好幾個小時，在我的高架床上蓋出一座堡壘。我的床架是金屬製的，上鋪的底部由金屬架支撐，我會掛起毯子和毛巾，用來隔出一個個房間。一間小廚房，一間迷你的臥室。我在這複雜又刺激的故事中渾然忘我，假想著危機四伏。我會將自己吊在上鋪邊緣，彷彿在懸崖上搖搖欲墜，死亡迫在眉睫，再用盡全身的力量將自己拉回，拉回安全的所在。

幻想中的我情竇初開。我趴在熔岩地板上，寫情書給假想女友，信末總是署名：愛你的傑森。我會對她訴說我的異鄉探險，訴說我有多思念她、多掛心她，需要將她擁入懷中。這些時光是我生命中最美好的時光之一。**我穿梭至另一個時空，在那裡，我就是……我。而且，不僅僅是位男孩，還是一名男人，一名能去愛、也能被愛的男人。我們為何失去了這種能力？創造一整個世界的能力？**高架床就是王國，我就是男生。

我的想像力是我的浮木，是我感到最無拘無束、自由自在、真真切切的地方。我的想像並非具像化，遠比那來得天經地義。不是一廂情願，而是了然於心。每當我與自我臨在，我都會知道，沒有一次例外。我當時看得很清楚，一清二楚。我很懷念那些時光。

個人遊戲和演戲很像，兩者的感受都有點弔詭。我對想像力的依賴是支持我活下去的力量。也許從那時起，我就一直在追求那種感覺。「演戲，抓住角色，就像著魔。」英國演員珊曼莎・摩頓（Samantha Morton）曾如此說。稍後，我十六歲那年，她在琳恩・倫賽（Lynne Ramsay）執導的《天涯芳蹤》（*Morvern Callar*）中的表演，將成為我最大的靈感來源之一。如此靜謐，如此隱晦，寂靜的力量。

在我的觀影品味進步到《漂浮氣球》（*Ratcatcher*）和《天涯芳蹤》這類電影之前，我看的盡是些大爛片。十一歲生日那天，我租了《大蟒蛇》（*Anaconda*），雖然稱不上爛片，但也相去不遠。

班上的一個女生，安娜，來我家過夜。我們從家裡出發，橫跨馬路轉進艾爾弗街（Isleville Street），路途雖短，但很冷，沿途的草都凍硬了，在我們的腳下發出碎裂聲。錄影帶店開在一棟矮小的磚造建築裡。我們穿梭在一排排片架中，對封面品頭論足。錄影帶及DVD沒落後，那間店就換成一間髮廊，至於髮廊之後又變成什麼，我就不確定了。那棟建築已經不在了。

我們緊緊抓著寶貝不已的DVD，踏上吃力的回程，迫不及待想看珍妮佛・羅培茲（Jennifer Lopez）、冰塊酷巴（Ice Cube）和歐文・威爾森（Owen Wilson）大戰地表最大又最致命的蛇。

「牠們發動攻擊，纏上你的身軀，抱你抱得比愛人還緊。在擁抱的力道擠爆你的血管之前，你有幸聽見骨頭被壓碎的聲音。」

班上每個男生都暗戀安娜，我也不例外。我們從小學起就是朋友，一起上學、一起在同個足球隊踢球，哈利法克斯市凱爾特人隊。她是防守球員，典型的右翼。我們會一起在

SEGA遊戲機上玩阿拉丁，玩上好幾小時。我們會在她的床上跳來跳去，跟著水叮噹樂團（Aqua）一起唱：

我是芭比妹，在這芭比世界
塑膠生活，逍遙又快活
你可以梳我頭，衣服也隨你脫
想像應有盡有，人生任你遊

我經常幻想自己變成阿拉丁。不是為了魔毯，也不是為了許願，更不是為了那隻小猴子，而是好奇撫摸一位女孩是什麼感覺，會不會綻放浪漫的火花。我記得有一次放學後，我和安娜一起坐在矮牆上，等我媽來接我回家。我們坐著，腳晃來盪去，俯視著鋪滿樹葉的街道，四周很安靜。我挪了挪身子，往她的方向靠近，近到快要碰到彼此，臀部傳來與水泥牆摩擦的觸感。我將手放在她的大腿上。

「你在幹麼？」

她像被滾燙的鐵碰到般，身體向後一彈，然後靜止不動，也沒說話，我也是。後來，她媽媽就來帶她回家了。安娜從此和我漸行漸遠。她搖身成為校園人氣王，而我呢，不出所料，並沒有。

不能說出口的悲傷

儘管發生了這件事，不久後我還是開始了性探索，只不過對象全都是男生。我的初吻對象是名叫賈斯汀的男孩。他長得很像《魔戒》（*The Lord of the Rings*）中的角色，凱特·布蘭琪（Cate Blanchett）的精靈兒子之類的。他也會在床邊搭建堡壘，而我們就像小小洞穴探勘家一樣鑽進去，伴著肯尼·吉（Kenny G）的音樂親熱。他們家有一隻小白狗，個性糟到不行，差勁得很。我會偷偷在桌子底下餵牠，討牠的歡心，把希望寄託在溼漉漉的薯條上，盼望牠好歹能容忍我的存在。

我們會在學校傳紙條。新鮮的感覺在我的腰間躁動，一張三言兩語的小紙條怎麼會把我變成這樣？刺激和興奮為日子增添了些許詩意，昇華了平淡的日常。也許這不是最正確的選擇，我卻無法克制自己。老師攔截到我們的紙條：

「後場角落見，我幫你鬆一下。」

難堪使我的臉頰發燙，僵在那裡，但賈斯汀是個該死的天才，他說他是要寫「說」，但不小心寫成「鬆」了。老師信了。

第一次被罵「搞gay」的時候，我正和賈斯汀在一起，依偎在尼達姆堡公園（Fort Needham Memorial Park）的樹林間。那個地方深深烙印在我的記憶中。尼達姆堡建於美國獨立戰爭時期，位置俯瞰著今日的哈利法克斯北區，也就是我長大的地方。山丘上矗立著一座為了紀念哈利法克斯大爆炸而設的鐘樓，如今，這場重大災難已被世上多數人遺忘，卻實實在在形塑了我童年的地景樣貌，所經之處皆歷歷在目。

哈利法克斯大爆炸發生於一九一七年十二月六日，事件主角是一艘比利時救援船伊莫號（Imo），及一艘法國軍需貨船白朗峰號（Mont-Blanc），上頭載滿兩百五十噸的TNT炸藥，六十二噸火棉，兩百四十六噸的苯，還有兩千三百六十六噸的黃色炸藥。這批貨物重達六百萬磅，重量足足是自由女神像的十三倍。

如同約翰．U．培根（John U. Bacon）於《哈利法克斯大爆炸》（*The Great Halifax Explosion*）書中所詳述，按照常理，裝載軍火至歐洲的船隻通常會掛起紅旗以示警告，然而，由於德國U型潛艇擊沉了數百艘軍艦，所以白朗峰號沒有這麼做。整座城市只有五個人知道船上載了什麼。當白朗峰號悄悄於清晨時分駛入哈利法克斯港，伊莫號正準備啟航。為了等一批遲到的煤炭，伊莫號的行程已經耽擱了一天，船長為了損失的時間氣得跳腳，急急忙忙啟程。快要駛到港口最窄處時，他讓船沿著錯誤的方向全速前進。一場膽小鬼賽局上演。在最後關頭，一位船長決定轉向；但另一位也是，於是他們相撞了。

巨大的濃煙升起，人們跑到港邊和自家窗戶邊，渾然不知船上裝了什麼。起火將近二十分鐘後，白朗峰號爆炸，整座北岸被夷為平地，超過二．五平方公里的土地全毀。一千五百人當場死亡，現場只剩下斷肢殘臂與衣不蔽體的軀幹。全城蒸發。船隻被炸到高空，墜落時捲起三十英尺高的海嘯，將所有屍體捲走，再也找不到。這起爆炸慘烈的程度甚至被曼哈頓計畫（Manhattan Project）拿去研究，用來製造原子彈，事後還隱瞞了數十年之久。

倖存者在一片無盡的斷垣殘壁下高聲求救，受傷的和奄奄一息的。那時是早晨，燃燒著的壁爐使瓦礫堆起火，大火吞噬了廢墟，人們尖叫求援，火舌迅速逼近。倖存者說，那些痛苦的喊叫，以及埋在底下的人傳來的悶叫聲，是他們記憶中最駭人也最折磨的夢魘。人們被迫逃亡，火勢不斷蔓延。父母與孩子失散，愛人與伴侶被拆散。死亡人數至少兩千人，九千多人受傷，讓這起事件成為發明原子彈前最大的一次人為爆炸。

而那裡便是幾十年後，我坐著接吻的地方。

我們坐在針葉樹下，旁邊的地上倒著一支空酒瓶，也許是上一對情侶留下的。撫摸，親吻，擁抱彼此。我們是兩個男孩，而且我們看起來也像是兩個男孩。

「你們是什麼東西，死 gay 嗎？」一群青少年朝我們走來。死 gay。死 gay。死 gay。

他們越靠越近，來勢洶洶，惡毒殘忍。

「死 gay。看我們怎麼收拾你。」

「我是女的。」我告訴他們。

「哦？那你又是什麼，外星人嗎？」他們朝賈斯汀吐口水。

眼看情況不妙，我們拔腿就跑。他們不只是做做樣子而已。我們死命狂奔下山，腎上腺素爆發，每一步都是一記長傳，祈禱能達陣得分。

我逃向我保姆的房子，認為這麼做比逃回家明智。他們的聲音不斷從身後傳來，但我根本無暇回頭查看。我們奇蹟似地平安抵達保姆的門廊，我能聽見她的拉薩犬布巴在吠叫。那些男孩停了下來。見她走來應門，我們的恐慌煙消雲散。她瞧一眼那群男孩，眼神中浮上理解。

「滾開！你們這群小混蛋！」

至今，我仍然能想起她朝他們大吼的那幅畫面，這種受到保護的感覺在我的人生中非常罕見。

成長過程中，我被教導白朗峰號的爆炸是場「意外」，是個「錯誤」。只不過是兩艘船相撞，而其中一艘爆炸了，就這麼簡單。但那不是一場意外，而是戰爭造成的。

爆炸在一夕之間讓成千上萬的孩童成了孤兒，人們流離失所，飢腸轆轆。那個月，聖保羅教堂供應了一萬多份餐點。我的外公在我媽十六歲時過世，他生前一直在那裡擔任牧師。聖保羅教堂雖然挺過了爆炸，但窗戶玻璃全碎，和哈利法克斯全市每片窗戶一樣。而爆炸發生前，許多人正挨在窗前站著，望向裊裊升起的黑煙。

我想像著那場屠殺，想像鮮血染紅雪地，宛如一場末日殺戮。**那些創傷都去了哪裡？突然失去雙親的孩童，在無法言喻的悲愴中邁步。悲劇發生後，酷兒們都做了些什麼？那些失去祕密情人的人。那些深櫃裡的悲慟。**

4 ✦ 和媽媽共度的美好童年

我和媽媽是在一九九四年，我快滿八歲的時候搬到水石社區（Hydrostone）。那個社區是在夷平北岸的那場爆炸之後開發的，吞噬瓦礫堆的大火讓人們產生用混凝石塊重建的想法，成了全北美獨一無二的案例。他們用大塊且不易燃的混凝土板，加上碎花崗岩蓋出一幢幢排屋，構成十個街區長、一個街區寬的社區。一處由頹敗而生的社區。

我喜歡在那裡長大的時光。除了其中一條街，其他所有的街道都有大片的林蔭，孩子可以在那裡玩耍，而大人可以席地野餐。街區間小巷蜿蜒，洗晾的衣物繽紛晃蕩，小後院吊著風鈴，貓咪隱身其中。我喜歡隻身一人在小巷間閒晃——一個男孩與他的冒險。

媽媽買下她那兩房一衛的房子時，社區的房價對於她這種收入等級的人——離婚、單親媽媽、老師——還算負擔得起。她會在下午兩三點來學校課後活動接我，問我今天過得如何，學到了什麼，老師出了哪些功課。我也喜歡聽她講她的事，講她今天在課堂上發生了什麼。例如她曾經和我分享，有位男同學為了表達不滿而站在自己的桌子上撒尿。到家後，媽媽會幫我洗澡，或是開始準備晚餐，我則在一旁耍賴，不想做功課。她從來沒有好好休息過。

洗澡時，我會將所有夥伴放在浴缸邊上排排站，央求媽媽充當跳水比賽的裁判。我抓住蝙蝠俠的腳，抬起手臂將他舉在空中，然後鬆手，布魯斯．韋恩就會入水，並且祈禱自己沒濺起太多水花，好讓裁判刮目相看。

「七分！」我的玩具公仔潛入池底後，媽媽說。

「八分！」彼得潘成功滑入水中。

「耶！」我歡呼，因為我總是暗地希望彼得能贏。

「好了，寶貝，我該去準備晚餐了。」

「再一次！拜託嘛，媽，拜託！」

「好吧，最後一次。」

我便會再丟一個。

宣布贏家後，我會讓那隻公仔驕傲地站在浴缸邊，而媽媽則會開始哼起奧運主題曲，有時候，她甚至會點燃一根火柴，將它像火炬一樣高高舉起。

浴缸也是我盡情扮演救命英雄的地方。我很喜歡《親愛的，我把孩子縮小了》（*Honey, I Shrunk the Kids*）這部電影，並且完完全全迷上了片中的女兒，愛咪．沙林斯基。我無法將目光從她身上移開，她的美貌、甜美的嗓音，我也欣賞她對弟弟百般照顧的模樣。

在浴缸裡，我是那位陰沉的鄰居男孩小羅素，衝進被放大為叢林的後院中，將溺水的愛咪救出來。我會扮演雖然慌張但設法保持鎮靜的小羅素，將頭埋入水中，搜索、撤退、後翻、再下水，不救出所愛之人不肯放棄。終於拉她上岸後，我會對自己的手做人工呼吸，著急地祈求她醒過來，直到她清醒後才停手。我做到了，我心想，一邊想像自己露出小羅素那似笑非笑的招牌表情，那副我從他眼中看見的表情。

我媽很喜歡公立學校老師這份工作，而且她非常出色。她教了二十五年的法文和八年的英文，我數不清有多少人曾經對我說：「菲爾波茲夫人是我遇過最棒的老師。」我會在暑假尾聲時幫她布置教室。用黏膠把海報貼在牆上，讓法文的月分一字排開：Janvier（一月）、Février（二月）、Mars（三月）、Avril（四月），用太陽、雲和雪花的剪影點綴。我喜歡晃去護貝機前，我喜歡它的味道，喜歡它將某樣東西包覆起來保護的方式。學校走廊空蕩蕩，不尋常的氣氛令人害怕。漫步其中的感覺不太真實，感覺像是在漂。

在塞滿三十名小學生的房間待上一整天，回家後還得煮飯、為自己孩子幻想出來的跳水比賽當裁判，是什麼感覺？她已經站了一整天，現在還得蹲在冰冷的磁磚地板上，我相信她一定巴不得出現一張舒服的椅子、熱騰騰的食物和一瓶冰鎮過的啤酒，但沒有一樣東西會神奇地出現在她面前。這些是必須牢記在心的重要時刻。不是小事。

每到週六，媽媽便會拿出一堆零食和飲料，接著我們會一起坐在大張的米色椅子上，當作是雙人沙發，打開電視轉到CBC（加拿大廣播公司電視台），準備觀看《加拿大冰球之夜》（*Hockey Night in Canada*）。我喝百事可樂，她喝亞歷山大凱斯啤酒，我們大聲歡呼叫喊，中間還夾著一大包番茄醬洋芋片。我們支持的隊伍是多倫多楓葉隊。

媽媽只是「為我好」

小的時候，只有我們兩個人的時候，媽媽由著我在許多方面做自己。不過，若是遇到拍照、難得上教堂的日子、婚禮、獨奏會、聖誕派對及其他不只有我們的特殊場合時，我就得乖乖穿裙子，頭髮別上一根天藍色蝴蝶的造型髮夾，我很想連同頭髮一把扯下它。我會在媽媽幫我打扮時大發脾氣，一股背叛感在我全身蔓延。褲襪擠壓著腿的膚觸，更是加劇了所有尚且無以名狀的不適感。

我沒有在應當脫離這個「過渡期」的時候脫離，而媽媽對我的打扮和我結交的朋友越來越反感。打扮中性、交男生朋友的階段早就應該過去了，讓「男人婆」這整件事——這是個我始終無法認同的標籤，但因為每個人都這麼叫，所以最終我也如此稱呼自己——成為模糊不清的回憶。我應該要出落得像位小姐，至少得是我媽心目中的版本。

「我只是為你好……我想要保護你……我不希望你吃苦。」我總把這些操心當成耳邊風。**所謂「為我好」，就是要我乖乖順從社會期待，不要越線，要我照著事先默默寫好的完美女主人翁劇本過活**。

她的家人、朋友、足球隊的其他父母、學校同事和鄰居會怎麼想？她是不是做錯了什麼？如果那是一種罪怎麼辦？此外，不論是有意識或無意識的——**如果我也非得妥協，憑什麼你不用？**

我很好奇，不知道媽媽不能做也無法探索的範圍有多大，不曉得這些局限對她又有什麼影響。然而，在我得以擺脫桎梏，進而成為我自己的這一路上，無論遇到多少困難，或是產生一時半刻的嫌隙，我都未曾質疑過母親的愛。為此，我何其有幸。

我還小的時候，媽媽會帶我去距離哈利法克斯約四十五分鐘車程的佩姬灣（Peggy's Cove）。我會在岩石間爬上爬下，假裝自己在一塊遺世的大陸尋找寶藏與神祕生物。我會仔細察看潮水中是否有生命體存在。我和媽媽會將拳頭舉到臉頰旁邊，假裝在用對講機交談。喀噠。報告完畢。喀噠。報告完畢。

謹慎避開溼滑的深色巨石，發現岩石下方竄動的小生物，我們的探險會持續好一陣子。浪大的時候更是刺激，海浪會以拔山倒樹的氣勢砸向海岸、衝向雲霄，直逼那有名的燈塔，凝成明信片上的著名瞬間。

我們的行程總是在俯瞰海灣的餐廳外停車場上作結。海鷗在天空盤旋，等待時機撲向遊覽車旁的殘羹剩飯。媽媽喜歡吃那裡的薑餅，所以我偶爾也能享有口福。

和媽媽一起在佩姬灣度過的午後是我數一數二美好的童年回憶。那崎嶇、強烈又無情的美，我與媽媽彼此陪伴，是多麼地活在當下。我們舒展四肢，雙腳在冷冽帶鹹的大西洋中尋找著陸之處。

我愛你。報告完畢。喀噠。

我也愛你。報告完畢。喀噠。

難過的是，**隨著我逐漸長大，所有的靜電雜訊都不得不與我為敵**。一塊令人打滑的深色岩石突然出現，將我們同時絆倒。那純粹、超越外表與期待的聯繫，那些彼此都無拘無束的當下，是我一再重訪的回憶。

冬天時，我總期盼下雪的日子。坐在媽媽擺放收音機那側的床沿，一顆心懸著，懇切地許願，祈禱能快點堆雪堡和雪人。我會閉上眼睛，聽著CBC電台主持人用磁性的嗓音朗誦停課的學校名單。

下雪天的早晨完全是天堂。媽媽和我有個儀式，我會坐上一塊紫色的塑膠雪橇，而她會拉著我在雪地上走。目的地是？提姆霍頓咖啡店。我們大步前行，一路上嘰嘎作響，她腳上的靴子陷入雪中，萬物雪白一片，冰柱就像是一根根長矛。

「我要中杯的，雙份奶油，一點點糖就好，不要太多，謝謝。」早晨的上學路，我會趁媽媽將頭探出車窗，朝提姆霍頓得來速的麥克風伸長脖子時，模仿她點餐的台詞。而我呢，我喜歡熱巧克力。

小雪橇掃過底下積雪的聲音，以及穿越單調景色的穩定滑行，創造出一種靜謐，一種合一的感覺。只要閉上眼睛，便能飛越整個宇宙。

5 微不足道的塵埃

白朗峰號爆炸時，一顆由煤、油、貨物、船身碎片及人體組成的氣態火球被射上三千多公尺的高空。在將近四公里外的地方，發現了重達一千磅的白朗峰號船錨碎片。錨墜落的地點位於賽船角步道的出入口，就在船錨路（Anchor Drive）和三角帆路（Spinnaker Drive）兩條車道的交叉處，離我和我爸一起住過的地方只有兩分鐘的步行距離。

我爸媽離婚時，我還不到兩歲。他們在一起十年，結婚近八年時分居，爸爸先是搬到哈利法克斯市區的一間公寓，在那裡一直住到我六歲，之後我們才一起搬進三角帆路。他們離婚後，我主要跟著我媽住，大約每隔一個週末才去探望爸爸。那些週末是令人興奮的假期，公寓所在的大樓就位於哈利法克斯港口的正對面，設有游泳池……游泳池！嚴格來說是不准跳水或潛水的，但我們會偷偷來，輪流負責站崗，留意大樓管理員的動靜，爸爸都稱管理員為「暴躁的克拉姆」。

米克馬克族人口中稱為「切布圖」（K'jipuktuk）的景觀，也就是「大港」，如今被高樓大廈遮蔽。不過，五歲時的我還能遙望外頭，研究起小船和船艦，小腦袋百思不得其解，為何那麼巨大的物體能流暢地滑過水面，為何鋼鐵不會直接沉沒。我會盯著船隻徐徐駛向大西洋，越飄越遠，遠過喬治島（Georges Island）。

喬治島以一位英國國王命名，位於港口正中央，一七五〇年遭英軍占領。島上的堡壘是十八、十九世紀大英帝國的重要海軍基地之一。錯綜複雜的地下道系統聽起來活像是電影《七寶奇謀》（*The Goonies*）的場景。人們說那裡遊蕩著孤魂野鬼，都是死於處決、獄營及隔離所下的亡魂。我在睡前自私地祈禱鬼魂不會游泳。

當時，我爸剛和朋友艾瑞克・伍德一起創立一間平面設計公司。佩吉伍德公司的辦公室設在酒廠市集內，那是棟以花崗岩和鐵石建成的大型建築，從一八〇〇年代保留至今，地點就在從公寓沿著南海岸街（Lower Water Street）步行不遠處，以每週六舉辦的農民市集最廣為人知。自一九八三年開辦以來，我有無數個週六早晨都在農民市集度過。我在人群中穿梭，採買農產品，享用剛出爐的肉桂麵包，聆聽迴盪於主廣場中的小提琴聲。

起初，辦公室很小。爸爸有一張很大的斜面白桌，他會撐在桌面上絞盡腦汁畫草圖。有一次，他買了一台會將擊出去的球射回來的那種高爾夫推桿練習機，就放在桌子旁邊。我會開始編故事——比賽來到第十八洞，我，一名身穿硬挺有領襯衫的帥氣職業高爾夫球員，用一支推桿抓下老鷹，贏得勝利。我喜歡男人手握球桿的方式：調整手指位置，抖抖他們的腳，伸長粗壯的脖子面向球洞，然後轉回球上，集中注意，接著堅定一揮。我不介意有人第一球發壞重來。

我的爸爸，丹尼斯，那時和一位名叫琳達的女子走得很近，後來她成了我的繼母。琳達和丹尼斯是在同一間辦公室工作認識的。如今，這讓我想起媽媽，她的丈夫為了別人離開她，留她獨自照顧孩子，還得兼顧教職。但那時候的我粗心又遲鈍，回家總會大講游泳的事，開口閉口都是這位陌生女子和她的水床，對媽媽的痛和怨渾然不覺，不曉得那一定傷透了她的心。

「一個巴掌拍不響，」媽媽說，「我也有責任。」

我對於爸媽怎麼會想生小孩一直感到納悶。那個小孩就是我。他們的婚姻早在我出生前便已觸礁。我想，我應該要對我的出生感到慶幸，但假如我沒出生，我就也無從得知自己將會錯過什麼，也不會有人想我。這樣很好。**從宏觀的角度來看，我們都是微不足道的一粒塵埃**。

在兩個家之間

琳達住在哈利法克斯的克萊頓公園（Clayton Park），從爸爸家開車過去大約十五分鐘。她有一套位於社區型公寓的房子，共兩層樓，一層是廚房、餐廳和客廳，樓上則是兩間臥房和一間浴室。琳達跟前夫生了兩個孩子：史考特和艾希莉。史考特比我大三歲半，艾希莉則比他再大三歲。他們的父親和我媽一樣是老師。

史考特和艾希莉的房間很漂亮。一張木製的白色雙層床，史考特睡上鋪，艾希莉睡下鋪。我去他們家過夜時，地板上會鋪一張小床墊。我對上鋪很眼饞，但不急，總有一天會輪到我。他們的房間有自己的電視，還有一九八五年初代版的任天堂遊戲機。史考特和我會玩上好幾個小時的「超級瑪利歐兄弟」和「打鴨子」，遙控器被我們沾滿番茄醬洋芋片碎屑的手用得髒髒的。

琳達的房間裡有前面提過的水床，我這輩子至今就只見過那麼一張。爸爸會帶著我一起去她家，琳達會做晚餐，而我通常會去找史考特玩。烹飪可以說是我繼母的「菜」。她有在兼職做食物造型師，負責妝點擺放肉類與食品，為電視廣告或平面攝影準備可口上相的火雞。為了一份工作，她必須製作超級大量的冰淇淋，而且還得是假的，這樣才不會融化。早餐桌、中島、晚餐桌上，擺滿了各式各樣的實驗成果和加工品。假的冰淇淋，還真是個諷刺的笑話啊。

一九九六年由珊卓・布拉克（Sandra Bullock）和丹尼斯・萊瑞（Denis Leary）主演的《偷心計畫》（*Two If by Sea*），雖以新英格蘭為背景，卻是在新斯科細亞南方海岸的切斯特鎮（Chester）和盧嫩堡鎮（Lunenburg）拍攝的。琳達為其中一幕打造了一頓饗宴。我對她的作品出現在好萊塢片中而激動不已，心臟也為了珊卓．布拉克而撲通撲通跳，當時八歲的自己還不明白，我又戀愛了。二十年後，我去到比佛利山莊著名的克雷格餐廳，跟珊卓和我的朋友凱薩琳．凱娜（Catherine Keener）共進晚餐。珊卓身穿牛仔褲和時髦的搖滾T恤，看起來隨性帥氣。她人很好，幽默又沉穩，和八歲的我所想像的一模一樣。呼，人生際遇可真奇妙。

照理說，琳達對下廚應該頗有兩把刷子，但我受不了她燒的菜，完全無法消化。我的爸爸、繼兄、繼姐似乎不覺得有什麼問題，熱情地發出美味的呻吟與讚嘆。聽起來就像冰淇淋一樣假。

我厭惡所有過度加工的食物。我媽的休閒時間不多，所以也沒空變出精緻又口味新穎的飯菜。她當時同時在市郊的兩三所學校教法文，哈里葉菲德小學、威廉金小學及我最喜歡的桑波小學。桑波是所小學校，離桑波島上那座據說鬧鬼的高聳燈塔不遠。傳說有一位名叫亞歷山大．亞歷山大（常被稱為雙亞）的蘇格蘭人曾經駐紮在那。有次，他為了補充物資而離開島上，最後不僅沒帶回任何物資，還開始進行為時兩週的狂飲，然後便自殺了。人們說在那裡可以聽見雙亞的鬼魂走路、燈開開關關及沖馬桶的聲音。

我想吃媽媽煮的飯，有肉、有馬鈴薯，還有清蒸蔬菜奶油麵。琳達炒的菜有種我不習慣的甜味，令我反胃。我狂灌牛奶，因為不吃飯而挨罵。我一直嚼、一直嚼、一直嚼，彷彿肌肉記憶突然消失，失去吞嚥的能力。我還小，所以其他人用餐完畢離開座位後，我就會獨自被留在餐桌上，旁邊擺了一個倒數中的計時器。滴、答、滴、答，我得在刺耳的鈴聲驟響前吃完。這項吞嚥障礙一路持續到我長大，就算她端出自製披薩也一樣，讓我意識到這不僅是口味和香氣的問題。

六歲時，我們正式一起住。丹尼斯、琳達、史考特、艾希莉和我，站在三角帆路新建案的混凝地基上，周圍被令人不安的灰色高牆環繞。抬頭望去只看得見天空，樹梢從預計做為房子背牆的頂端冒出頭來，遠方的一小片森林覆蓋著後院再過去的山坡。

這棟又高又窄的透天別墅有四層樓，地下室是一間小書房和半套衛浴，客廳、廚房和餐廳位於第二層。第三層則有我的房間，緊挨在史考特房間隔壁，走廊中間是浴室，丹尼斯和琳達的房間位於房子正面，窗戶望出去就是米克馬克人口中的「維夸提區」（Waygwalteech），意思是「不停上漲的鹹水」。那是哈利法克斯港口一塊狹窄的區域，勾勒出哈利法克斯半島的西側，也就是重新命名後的西北灣（Northwest Arm）。

繼姐艾希莉因為年紀最長，所以分到最美的房間，頂樓的那間，一個有著低矮傾斜天花板的小閣樓。之後，等到我十幾歲，在多倫多讀完十一年級回到這裡時，它會變成我的房間。那時，我暫時停止演戲一年，好待在哈利法克斯完成最後一年學業。

隔著街道正對面就是梅爾維爾灣（Melville Cove），從西北灣岔出的一個小海灣，讓賽船角步道與灣谷遊艇俱樂部隔海相望，並將後者圍成一座島嶼，而好巧不巧，這座島上也有一間據說鬧鬼的百年磚造監獄，幾百條性命在此葬送，絕大多數是戰俘。毗鄰監獄的是占據半島一小角的亡者島（Deadman's Island），那裡立著將近兩百座無名墳墓，設來紀念一八一二年美加戰爭期間死於囚禁的美國人。一塊板子上寫著：

去看那裝滿囚犯的墓
去那爬升的山丘上細數
未見大理石紀念碑宣讀
於此靜默長眠的，是誰的殘骨

我對我的新房間很著迷。我是第一位在這個空間留下印記的人，是牆上的一小塊汙漬，等著被洗掉。顏色是我選的，謝天謝地，我已經來到可以直說自己真的想要什麼的年紀，不會在生日時被糊裡糊塗套上洋裝，彷彿在過萬聖節之類的。我選了深藍色，和繼兄選的深色相仿。我將冰球運動員派屈克．魯瓦（Patrick Roy）、麥可．喬丹（Michael Jordan）和街頭頑童的喬伊．麥肯（Joey McIntyre）的海報貼在牆上。琳達老家的雙層床現在歸我了。既然有上下鋪可選，我便輪著睡。有時睡上面，有時睡下面。

丹尼斯和琳達正式同居後，我的時間被分成兩半，平分在兩個家之間。每個月的一號到十六號，也就是頭兩週和爸爸住，後兩週則住媽媽家，從十六號待到下個月一號。史考特和艾希莉回他們爸爸家的安排也是如此。在我爸家的時候，我和繼兄幾乎每天放學後都會玩街頭曲棍球，或是玩「地板曲棍球」，這是我們在樓上狹小的走廊發明的遊戲。房門就是球門，我們的手則是曲棍球桿，手腕完美一擊，將球轟出，小腿迅速一伸，展現撲救神技。

我很享受擁有哥哥的感覺。史考特是個運動咖，也是優秀的運動員，多年來一直在青少年曲棍球A級聯賽打球。我的一大半青春都是在曲棍球場上度過的。我會一邊吃著薯條，一邊看著場內的騷動，迷上那些竟然被默許的打鬥。每當他的朋友來家裡玩，我總表現得像隻煩人的小鬼，一直跟在他們屁股後面。我喜歡他們的穿著打扮、身上的味道和他們脫下T恤的方式，喜歡看他們手伸向後肩，抓住布料，向上拉過頭頂，露出赤裸的身軀和脖子上的粗項鍊。我會偷溜進史考特的房間，翻出他的香水，分不清輕點和適量的差別。這該不會是魔法藥水吧？我驚嘆。也許這下能成。我躡手躡腳離開他的房間，沿路留下發情青少年的刺鼻氣味，彷彿剛才失足掉進一片歐仕派（Old Spice）男香的大海中。

史考特很愛找我打鬧，就跟大部分的哥哥一樣。我們都很迷摔角，正式名稱為「世界摔角聯盟」(WWF),重摔和金臂勾占據了我們大量的電視時間。我們會自己玩起摔角,他總拿我來練招,大部分的時候都有經過我的同意。他會表演相對安全但又好玩的「炸彈摔」——把我拋到空中轉圈,然後背朝下重重摔在丹尼斯和琳達的床上。但有一次,他在床和梳妝台間的空隙使出這招,結果沒摔好,我轉的度數不夠,頭先落地,頭頂直接撞上地板,扭到脖子。我直挺挺地躺在地上,動也不能動,話也不能說,幾乎無法呼吸。我瞪著天花板,驚慌失措的史考特在我上方不停地低聲安撫,生怕自己會惹上麻煩。他把我帶回房間,我等待疼痛趨緩。

跟任何手足一樣,他有時會做得太過火,無論是拗我的手臂拗到我尖叫,或是對我使出窒息固定,讓我在下面掙扎,眼前發黑,視野中有模糊的星星在跳舞。又或者是故意傷我的心,把我的絨毛玩偶在房間丟來丟去、對它們拳打腳踢,因為我的苦苦哀求而更加興奮。一旦我再也受不了,不管是心理還是身體上,我就會開始哭,求他停止,求他離開。

做為小孩,這一切很複雜。我是如此崇拜他,同時又被他惡劣與殘酷的一面所傷。但這一切都不是史考特的錯,畢竟他也只是個孩子。小孩可以很壞,也可以很粗暴。最傷人的,是他那從旁搧風點火的母親。

你為什麼不能和他們一樣？

「你這個臭小子，給我閉嘴！臭小子。」琳達在走廊朝我大吼。她很滿意，好像發現了一個能默默傷害我的完美辦法，以手足間的緊張關係當作煙幕彈。

琳達和史考特聯手逗我時會發出竊笑，有時還會咯咯笑個不停。她似乎總是想挑我毛病，只為了讓她自己感覺好一點。現在回想起來，我想是某種強迫症。我很確定琳達不是刻意這麼殘忍，但我也相信她內心深處有股習慣針對我的衝動。

待在房間玩個人遊戲成為我的慰藉。新的雙層床向我的建築技巧下戰帖。有時我會運用床邊的書桌，做成一處可以藏身的小角落。我很喜歡摩比人（Playmobil）玩偶，我嚮往故事、衝突、人物關係及其他超現實的挑戰。在媽媽家，我放了一艘海盜船，在爸爸家放的則是一間摩比人加油站。

我躲進房間，迫不及待踏上旅程，踏上一場幻想的遠征，我發現這種冒險的刺激程度不亞於一場「真正」的冒險，甚至更緊張。有一次，我穿上心愛的愛迪達藍色運動服，把拉鍊拉到最上面，準備要去一個我能全然做自己的地方。**在我和那個當下之間，沒有他人的期望，沒有假裝，沒有掏空內在的自我懷疑**。我將手臂穿過背包肩帶，包裡塞滿了可能派得上用場的物品——一個小錢包，裡頭裝著幾枚一加元硬幣和幾張加拿大輪胎百貨消費券，還有一把塑膠劍。我跪在床上，為背包進行最後的調整，沉浸在想像世界中。房門被打開時，我正在為遠征做心理準備，琳達走了進來。

她爆出大笑，呼喚史考特來看。我聽見他匆忙衝出他房間，出現在我的門前，站在她身邊。他們站在那裡俯視我，盯著我看，一起嘲笑我，指著我說三道四，彷彿我並不在場。他們嘲弄我時，臉上浮現一種近似欣喜的表情。家裡只有我們三個人在。不過，就算爸爸在，我也不覺得情況會有所改善。

我們兩個單獨相處時的丹尼斯，和全家都在時的他很不一樣。

「假如琳達和你同時掉進水裡，我會先救你，」他私底下會這樣說，「琳達不是我此生至愛，你才是。」

這是祕密。不用他說我也知道這是祕密，因為他在琳達身邊簡直就是另一個人。我們之間有一首主題曲，是露絲・布朗（Ruth Brown）的〈少來管我〉（Ain't Nobody's Business）。丹尼斯開車送我上學時，會一路大唱這首歌。

但倘若琳達在場，這股「愛意」便蕩然無存。他的語氣會驟變，姿態和臉部表情也是。一股寒意襲來，彷彿他們早就有所密謀，態度冷漠得讓我只敢將目光投向地板。就算有其他人在場，她也能刻薄地對待我，單獨相處時就更糟了。我爸什麼也沒做，袖手旁觀。

我渴望和爸爸待在一起，離琳達越遠越好。「你這是在操縱你爸。」有一次她厲聲指控我。她的言詞尖銳而灼熱，瞬間的高溫燙下印記。琳達不喜歡我和爸爸單獨相處，每每導致摩擦，沒有一次例外。

我十歲時，他們在家裡客廳的壁爐前結婚。我穿著一件小洋裝，低聲啜泣。琳達抱抱我，彷彿我是喜極而泣。彷彿她愛我。彷彿我們彼此相愛。我越哭越慘。我開始演戲，就像我寫的那些充滿感激與崇拜的卡片一樣，彷彿我有責任這麼做。我思緒糾結，混亂又不理性，這輩子再也不想看到她，卻又極度需要她愛我——彷彿切換成自動駕駛，結果困在電動步道上。

當我長大了一點，當學校裡的男生不再有興趣和我當朋友，女生也和我保持距離，或者更糟，開始欺負我時，她便轉而嘲笑我的形單影隻。「你怎麼都不和別人玩？你是不是根本沒朋友？」她總這麼說。她身上有某種能力，能榨乾我身上僅存的任何一丁點自信。我的系統會發生故障，四肢遭一股無形的力量壓制，與其說是動彈不得，不如說是潰不成軍。

史考特所屬的曲棍球隊是聯盟中最優秀的一支，而他是隊上的副隊長。他外表英俊，在團體中呼風喚雨。很難想像他不是惡霸，但他長大後的確成了心思細膩的男人。他來看我演的《扣押幸福》（*Freeheld*）電影首映會時，哭得眼珠子都快掉出來了。艾希莉漂亮、聰明又有女人味，是典型的一九九〇年代人氣女孩。史考特和艾希莉是社交花蝴蝶，總是忙進忙出，總是在講電話，敲定這個約和那個約。

他們不在家的時候，我會幫忙接電話，記下對方的留言。「艾希莉：湯姆下午四點十五分打來，要你回電。」或是「史考特：凱莉打來說等等在尼克家見。」我會將便利貼貼在中島側面，這樣他們一走進廚房就能看見，一張張黃色的邀請卡任挑任選。

琳達的言外之意比海鷗的叫聲還響亮。她用拳頭敲了敲證據，堅定宣告我的孤獨。**你為什麼不能和他們一樣？**

6 青春期的恐怖場景

那個聲音第一次對我說「那東西不能進去」時，我十六歲，人在多倫多皇后西街（Queen West）的一間義大利餐廳裡。當時一位朋友，薇比克，讓我借住她位於克萊蒙特街（Claremont Street）街角的家。那天我過得很煎熬，所以她帶我去吃晚餐，想讓我心情好一點。

我是在滿十五歲的不久前認識薇比克的，她邀我出演她的首部長片《斷線的親情》（*Marion Bridge*）。這部片在二〇〇二年的多倫多國際影展上首映，拿下了最佳首部電影。這部作品相當出色，改編自布雷頓角土生土長的傳奇劇作家丹尼爾．麥凱佛（Daniel MacIvor）的劇作。

由莫莉．帕克（Molly Parker）飾演的阿涅絲，十年前逃出籠罩在惡毒虐待陰影下的家，如今為了照顧臨終的母親而重返家鄉，與姐妹泰瑞莎及露易絲重逢。她們的傷尚未完全痊癒，以各自的方式滲著血，體內竄逃著名為創傷的神祕小精靈。我飾演阿涅絲瘋狂執迷的對象，名為瓊妮的青少年，在瑪利昂橋的紀念品店上班，位於離加拿大雪梨鎮二十分鐘車程的一個郊區。

阿涅絲把車停在碎石停車場，坐在方向盤後發楞，最後終於鼓起勇氣進去。瓊妮是她少女時期所生，一生下便送養的親生女兒。瓊妮對此一無所知，但阿涅絲時不時的探訪讓她起疑。兩個世界相撞，祕密湧現，裸露出真相。

服務生將我們的餐點放在桌上，讓我從恍惚中醒過來。我垂下視線，盯著我的瑪格麗特披薩看。薇比克坐在我對面，拿起桌上的刀子切起她點的披薩，餡料有梨和火腿。我的思緒游離，離開我的身體。

不行。那個聲音用陰險的語氣說。那東西不能進去。

就在幾個小時之前，我不得不打電話報警，因為我遇到了我的第一個跟蹤狂。

事情起初不是那樣的。他一開始是我的朋友，雖然是不能讓別人知道的那種。他是我的祕密筆友，大概持續了兩年左右。他是在一九九九年二月初開播的ＣＢＣ家庭劇《小馬與我》（*Pit Pony*）中看到我的，那時我十一歲，而他二十出頭。

突發驚嚇

《小馬與我》是我第一份正式的演戲工作。在那之前，我只參加過幾場國小戲劇社的演出。我人生扮演的第一個角色是隻鴿子，而我搞砸了我拿到的唯一一句台詞，卡了半晌才說出「哦不」。觀眾笑了。隔年，我拿到《巧克力冒險工廠》（*Charlie and the Chocolate Factory*）的查理一角，表現比上次成功許多。扮演一個我崇拜許久的角色，扮演一個男孩，那感覺是如此興奮、如此自然、如此自由。就像我的雙層床架，只不過搬上了舞台。也許人們看得見我？

一九九六年，一位名叫約翰．鄧斯沃斯（John Dunsworth）的加拿大演員兼選角導演來到我的學校，那時我九歲。他正在為CBC當週電影《小馬與我》選角，是一部改編自青少年小說的同名電影。我記得他打斷了我最喜歡的音樂老師埃利斯先生的課。埃利斯老師曾經開玩笑地要我「別在下課時對男生動粗」，我聽了很高興。

我們所有人在教室裡站起來，鄧斯沃斯先生要我們做一些小練習、測試我們。我被選中參加試鏡。

試鏡當天，我抵達現場，心情雖然興奮，但因為年紀還小，還無法完全理解事情的重要性。「你能不能表演一段在森林裡迷路的樣子？」選角導演下達指示。我迅速擺頭張望，一下左一下右，身體朝不同方向轉動，對緩慢逼近的夜幕感到害怕，孑然一身，被丟在冰冷的黑暗之中。這是場想像力的遊戲。

「很棒。現在，讓我們在靜止不動的狀況下試試看？你能不能單用情緒去展現剛才那種感覺？」

我不太確定他究竟是什麼意思，但還是照辦，而我大概是做對了什麼，因為我拿到那個角色了。簡直不敢置信。我又有機會能迷失在假想世界，那個地方感覺比我的世界更像現實。起初，我以為這只是一次意外，一個令人開心的小驚喜。不過後來，當週電影搖身一變成了電視節目，我的演戲生涯便就此展開。

我飾演小妹，瑪姬．麥林。她身穿長袖洋裝，袖子垂到超過膝蓋，外披一件罩衫。洋裝外面的洋裝令當時的我十分費解。我的腿被黑色褲襪裹住。先前在拍攝當週電影時還得戴上假髮，現在我的頭髮已經長長了。儘管我討厭留長髮，但我更不願意繼續戴假髮。那頂假髮像頭死掉的浣熊，總讓我癢個沒完。現在的我髮長及肩，偶爾編成辮子，有時綁上一個小蝴蝶結。我想像得到媽媽鬆一口氣的樣子。

逐漸朝專業演員邁進的同時，我在商場得到的「謝啦，小子」也劃下句點。我為了角色把頭髮留長，身體處於變化邊緣，我總愛盯著片場的順性別男孩看。有領襯衫、吊帶、短褲，不用穿褲襪。沒有蝴蝶結，只有報童帽。

為什麼那個人不是我？我的行為舉止都跟他們一樣，玩的方式也跟他們一樣。

從幼兒時期就啃噬著我的感覺蓄積在脊柱裡，彷彿一觸即發的帶狀皰疹，蔓延到我的全身，神經無所遁形。

拍攝《小馬與我》期間，我的性別不安十分嚴重。褲襪緊緊黏在我身上的膚觸，裙擺飄逸的方式，還有那些該死的蝴蝶結，就像媽媽別在我頭上的髮夾一樣，在我體內激起一股無從消解的怒氣。

獨自在浴室為上學做準備時，我會用梳子打自己的頭。鏡子裡那個人是誰？我瞇起眼，提防著他，砰砰砰地打。媽媽睡的雙人床架，四個角落立有半高的木柱，木柱頂端的形狀類似倒置的冰淇淋甜筒。當我一個人在家，祕密無外洩之虞時，我會爬到床上，盯著木柱，對準軀幹壓上去，好讓尖端直接插進我的肚子。我會抬起身體，與重力合謀，試圖刺穿自己。很痛，但也不痛。我喜歡為那股自我鄙視和那股噁心找個宣洩的出口。我想將它挖出來。

我會坐在爸爸的書房，打開家用電腦，從中尋求解脫，尋找另一個假想的世界。國中時，學校電腦課剛好在教HTML語法，我便架了一個很蠢的網站。那個在CBC電視台看見我的人發現了這個網站，從上面聯繫我。交換了幾封電子郵件後，我們之間逐漸形成某種連結、某種陪伴。我們寫下彼此的不滿，彼此的寂寞，彼此與環境的格格不入，以及和自己的格格不入。對我來說是小朋友在傾吐心事，對他來說是別的。

我就像巴夫洛夫（Ivan Pavlov）*的其中一隻狗，一聽見蘋果電腦的開機聲，心臟就噗通地狂跳。我會閉上眼睛，想像一封新信件，對飆升的血清素上癮。撥接網路嘰嘎作響，發出那尖銳刺耳的聒噪聲。

後來，他開始向我展露更深層的情感，讓我的胃擰成一團。我壓下胃裡的翻騰，選擇繼續下去，不想失去這段真摯、實在，且為我帶來希望的關係。即便待在朋友身邊，我的恐慌也在翻攪。我無法對父母訴說感受，至少不能說實話。**我迷失在沙漠中，荒蕪的景色下蘊藏著生命，只是我看不見。我感覺自己一無所有，只有他**。

他住在距離多倫多大約一小時車程的地方。他寫信來，說他很快會造訪哈利法克斯。從多倫多開車到哈利法克斯需要兩天車程。我和媽媽走過很多次，開車去拜訪阿姨。

坐在我媽的紅色福斯 Golf 上，我的腳邊總是放著一個紅色小冰桶，裡頭裝滿零食及百事可樂，我的小腳則在冰桶上方晃呀晃。我會開一罐來喝，「咔嚓、哈、嘶——」的聲音讓我口水直流。我將手伸進一包番茄醬洋芋片，一邊狼吞虎嚥，一邊盯著窗外，數起有幾頭乳牛經過。我特別鍾愛更賽牛（Guernsey），我能一眼認出牠們的深色身軀，牠們身上帶紅調的棕色斑紋。我會循環播放《獅子王》原聲帶，逼可憐的媽媽一直聽，我算不清她到底被迫聽了多少次的「哈庫那馬他他」†。我會一邊在空中揮舞沾滿番茄醬洋芋片碎片的油膩雙手，一邊引吭高歌。我們會在魁北克與新布倫瑞克（New Brunswick）的交界處過夜。我喜歡聽媽媽說法文。

盯著發光的電腦，我讀著他喋喋不休的文字，期待內容會自己突然改變。我身體僵直，皮膚繃緊，胸前如有大石。我開始冒汗，脖子汗溼一片。除了流汗，我還發起抖，又冷又熱，耳鳴大作。事後回想起來，那是我第一次恐慌症發作。我盡可能地閃躲，直覺告訴我，一個明確的「不」是不夠的，有些事情已經變質了。最後，我成功說服他打消來拜訪的念頭，並開始疏遠他——減少回覆，消失一大段時間。我又能呼吸了，這段《狄格西》（*Degrassi*）‡般的劇情似乎就此終結。

然而，我搬到多倫多不久後，他再次現身，對我在秋天搬去那裡的計畫瞭若指掌。電子郵件越湧越多。他會附上我閉著眼睛的照片，然後將他自己後製上一對巨大的天使翅

---

* 俄羅斯生理學家、心理學家、醫師，諾貝爾生理學或醫學獎得主。最著名的成就是透過研究狗的唾腺分泌，建立古典制約（classical conditioning）理論的基礎。

† 原文 Hakuna Matata，源於史瓦希利語，有「不用擔心」、「沒有問題」之意。一九九四年的動畫電影《獅子王》曾用這個詞彙製作歌曲。

‡ 加拿大經典青少年影集。

膀，合成在照片中我的上方，視線朝下盯著我。這些照片一定是他從自家電視上翻拍下來的，因為我一點印象都沒有。

「我要在天堂的雲裡射在你身上。」他寫道。

他會發給我失蹤兒童網站的連結。

那時我十六歲。

其中最糟的是，主義合唱團（Creed）的歌詞：

我們翱翔九霄雲外
令我落下淚來
我犧牲為愛

他的話說得越來越直白，表明不會讓任何事或任何人阻礙他的行動。

薇比克是我第一個傾訴的對象，我提起他，提起那些幾近沸騰的信，像熱鍋裡的油噴射四濺。

「你真的該吃點東西，你得吃東西。」薇比克露出擔憂的表情說，我對此很感激。

「那東西不能進去。」又是那個威嚇的聲音。

「我知道，薇比克，但我不覺得我做得到。」

「那東西不能進去。」它堅持。

我的胃感覺像是一條又髒又舊的抹布，被一雙手在水槽上用力擰，越擰越緊。

我試著咬一口披薩。但無論我怎麼嚼怎麼咬，吞嚥都彷彿是不可能的事。

「那東西不能進去。」那譏諷的語氣又出現了。

味道早已變質，我的味蕾故障。我向前傾身，手肘撐在桌上，一手托住額頭，喝了些水。

並不是說我以前完全沒有飲食障礙。青春期開始時，問題就已漸漸浮現。我的身形越來越圓潤，乳房隆起，我所有的不適隨著男孩女孩的分野逐漸清晰而加劇。看見自己出現在螢幕上對我來說一向沒什麼問題，不過，當我的身材開始變形，情況就變了。**我變得越顯眼，就越頹萎**。

我的披薩還是沒吃，我們就回家了。我無法忘懷那天稍早發生的事。

「艾倫！」薇比克大喊。

我正坐在我的房間裡做功課。我很喜歡那個房間，空間很小，只夠放得下一張床和一個小衣櫃。牆壁被漆成接近亮黃的顏色，貼著我的貓女魔力和暴力蜜桃（Peaches）的海報。房間有一扇老舊的大窗戶。到了夜晚，我會被一道炯炯有神的視線給驚醒，是浣熊在窺視、打量著我。我們的閣樓曾經有陣子住著一整個浣熊家庭。多倫多的浣熊數量多達十萬多隻，被稱為「世界浣熊之都」。自從二〇〇二年推行了「環保垃圾桶」堆肥新市政後，多倫多的浣熊數量便急遽上升。吃不完的大餐。

「什麼事？」我走出房間右轉，進入她的辦公室。房子原有的硬木地板在腳下嘎吱作響，那棟房子已有八十年的歷史。坐在椅子上的她旋轉椅子面向我，臉色蒼白，電腦螢幕上顯示著一封郵件。

嗨，我是艾倫的好友，我真的很想在多倫多給她一個驚喜。她搬家後我就沒見過她了……

又有一位朋友打電話來，告訴我她收到同樣的信，覺得很可疑。緊接著，另一位朋友也轉寄了他的信給我。他來勢洶洶。

他幾乎掌握了我的所有聯絡人。我十歲起就在不同地方工作，近至愛德華王子島的夏洛特敦（Charlottetown），遠至薩克其萬（Saskatchewan）的薩斯卡通（Saskatoon）、柏林和里斯本。我能想像一名位在哈利法克斯的友人會輕易以為他是我在安大略的朋友。我趕緊發信給我認識的每個人，附上一張他的照片，他不久前寄給我的。那是一張如今所謂的自拍照，他的臉占滿整個螢幕，眼神狂亂，斜眼瞪我。薇比克報了警。

一位女士抵達家門，我鬆了一口氣。女警走進屋內，轉頭四處張望，目光搜索每個角落，並朝樓梯上方瞥了一眼。她起初幾乎沒開口說話。我想像起她在警察學校是如何學會進入某個地方。她的肢體語言剛硬、確實、帶有目的性。她面無表情，語調扁平，剛進門時幾乎不和人眼神接觸。她徹底搜查四周，評估危險性。我們給她看那些電子郵件、照片、連結還有歌詞。全部。她覺得事態嚴重。我發現自己望向窗外，想像他突然出現在對街，宛如鏡頭猛然切換，跳出來的「突發驚嚇」（Jump scare）。

他們打給我爸解釋來龍去脈。讓他知道、讓我的父母知道後，我鬆了一口氣，我被無止境的焦慮不安弄得筋疲力盡。我接過電話，壓上耳邊，心跳終於漸漸放緩。「我要去多倫多教訓你一頓。」是我爸開口對我說的第一句話。

他氣炸了。氣我幹的好事，氣我竟然在那麼小的時候就上網結交年紀大的男網友。我因為他的反應而呆滯，他憤怒的聲音逐漸淡去，但我永遠不會忘記那句話。我要去多倫多教訓你一頓。與其相比，跟蹤狂寄來的所有郵件都顯得蒼白無力。

後來，警方去到跟蹤狂家時，他只淡淡問了句：「這表示我能在法庭上見到艾倫嗎？」警察的現身並未對他造成影響，如果有，也只是讓他更興奮而已。

憑著他的反應、那些電子郵件、他所收集的照片及其他與我有關的素材，我拿到了保護令。

揮之不去的陰影

每天，我都會在接近奧辛頓街（Ossington Avenue）與皇后西街交叉口的地方等著搭63A路公車去上學，車程大約三十分鐘。我就讀沃恩羅德中學，學校有個名叫「藝能班」的計畫，也就是讓我決定搬來多倫多的主因之一。

如果你是舞蹈、戲劇音樂或體育方面的專業人才，容我們向你介紹本校獨特的綜合課程，課表將依照你的試鏡、彩排、演出及比賽時程量身打造……本綜合課程是全安大略省最靈活的人才培育計畫。提供配合學生課外興趣的教育環境，是我們的使命。

他的身影不時掠過我的腦海，揮之不去。他拿著刀從後方接近，插進我的背。他跳上公車向我衝來，一刀刺進我的胸膛。他埋伏，等我下公車踏上前往學校的最後一小段路，一顆子彈射中我的頭。

我不得不把他的照片帶去學校，將影本發給我的老師們，由老師向班上同學展示，過程宛如上台發表，只是比較病態。當時我和馬克正在一起拍攝電視劇《生化危機》（*ReGenesis*），他就是第一個介紹藝能班給我的人。我們在一年前相識，從此密不可分。每天結束拍攝要離開片場時，司機會走一條隱密的小路，確保沒人跟蹤。然而，要找出片場在哪還是很容易。我只好又將照片帶給工作的同事看。我無法克制自己，不停地在腦中搬演他會如何終結我的性命。

不久後的一天，我沿著皇后西街往東走向央街（Young Street），打算去皇后站搭黃一線，就在多倫多最大的百貨商場伊頓中心對面。我要往北搭九站去馬克家，在艾靈頓站（Eglinton）下車。

我站在街道的北側，也就是 Much Music 大樓的對面那一側。（各位不住在加拿大的讀者們：Much Music 創立於一九八四年，基本上就等同於加拿大的 MTV 頻道。）我突然感覺有隻手搭上我的右肩，而且一路往下摸，停在我的手肘處。

「你很眼熟。」我轉身，然後看到他的臉。

他站在我面前，態度輕鬆，掛著一抹微笑。我想像一把刀刺進我的身體，他每拔出來重刺一次，利刃就在陽光下閃閃發亮。犧牲。他已經多次明示，沒有任何人能夠妨礙我們、我們的關係、我們的愛。我爸不行，警察也不行。

「跟我走，我們聊聊。」

我注意到他腳邊有一隻白色小狗。事情似乎不太對勁，因為他住的地方距離這裡將近一小時。

我動不了，也說不出話。我的死期到了，我心想。就是現在。

「來嘛，跟我來就對了，我們可以聊一聊。」他說，試圖用溫和的語氣說服我。法式薄餅咖啡館的外帶窗口飄散出一股醉人的精製糖香，是一種味道香甜的蕎麥點心。這間著名的咖啡館和它巨大的紅色霓虹燈招牌嵌進我的餘光中，聞風不動。我從沒經歷過這般動彈不得的感覺，像等待被發現的《急凍原始人》（*Encino Man*）。突然，我的胸口一鬆，解鎖，上下起伏，我的肺回復正常運作。

「你不能出現在這裡，」我奮力擠出話，卻像唱片跳針，「你不能出現在這裡，你不能出現在這裡，你不能出現在這裡。」

路人川流不息，在他身後出現又消失，此處是多倫多最繁忙的路段之一。我試著將我的焦距拉遠，鏡頭後退。我抬高音量。

「你不能出現在這裡，你不能站在這裡！」

沒人理睬我們。

「跟我走就對了，我們可以散散步。」他向前一小步，用手朝我示意。

「別傷害我！別傷害我！」我大叫，希望透過「別傷害我」吸引行人的注意。我退後一步，舉起雙手，「別傷害我！別傷害我！」

路人紛紛伸長脖子。還是沒人介入，但夠了，足以讓他退縮。他轉身離開，小狗跟在他的腳邊一起揚長而去。

我逃離現場。用跑的，在街上左右蛇行。現在回想，那麼做只是徒勞無功，因為他大概早就掌握了我的地址。我一回到家就打給爸爸。起初他並不相信。

警察收到通知。那人因違反保護令而遭逮捕。我沒提出告訴。

後來發現，他患有未經確診的精神分裂症。我們達成某種和解，他會搬去和他父親一起生活，並且開始接受精神治療。他不會接近我，也不會以任何方式聯繫我，而他的確沒有。一切結束得很突然。假如真要說這整件事有任何一絲欣慰之處，那就是他總算被看見了，現在有人可以幫他緩解痛苦了。也許這就是他所冀求的？希望他能得到他需要的幫助，希望他再也不會幹這種事。

我設法原諒他，但很難做到。我之所以會虐待自己的身體，背後牽涉的因素很廣，而且從我還很小的時候就開始了。但，這起事件讓情況急轉直下。我彷彿無意識地在腦中核對一張清單：

1. 人們會自殘，我也來試試。
2. 人們喝個爛醉，我也來試試。
3. 人們停止進食，我也來試試。
4. 人們壓抑自己，我也來試試。

我會帶一把小刀回房間，將刀鋒抵在上臂接近肩膀的地方，使力下壓，稍微拖曳，拖到剛剛好能見血，剛剛好能感到慰藉。那種感覺無法持續太久。某個多倫多的夜晚，我獨自醉到不省人事，人們想藉此好過一點，我的大腦向我洩祕。我在廚房那張藍色的鍍鉻金屬腳小桌旁，直接用果汁杯喝起伏特加。先是小啜，接著從瓶子裡倒出更多。可憐的薇比克回家後發現一名酩酊大醉、情緒激動的青少年，崩世光景樂團（Broken Social Scene）那首〈獻給十七歲女孩的頌歌〉（Anthems for a Seventeen-Year-Old Girl）在背景不停循環播放：

曾是魯蛇一員的你讓我很喜歡
如今你變了、妝濃了，事情沒了轉圜
你能不能回來？

第三點是最纏人的。節食似乎是解方，成了我的新日常。這一切和青春期同步發生，我的身體持續變化，但不是變成馬克那樣。我逐漸認清現實，我這輩子都不可能在鏡子裡看見自己，我將永遠與這種噁心感共存，而我為此懲罰我的身體。研究顯示，跨性別者及性別不一致（gender nonconforming）的年輕人受飲食失調所苦的機率較他人高出四倍。

我滿腦子都在計算卡路里，大腦被流逝的時光及如何不用進食也不會餓的念頭占據，何時該泡一杯清澈的花草茶讓自己剛好止飢，口香糖嚼個沒完。逃避。每天早上，我會仔細秤量我的家樂氏高纖麥麩，還有豆漿的量。我無視薇比克的擔心，帶一條高蛋白棒去學校當午餐，並且允許自己只吃半條。至少他的身影再也沒掠過腦海。至少走在路上時我只需要為麵包焦慮，而不必再心有餘悸，不必再感覺芒刺在背。我將恐懼包進三明治，好讓我能掌控它。好讓我能遺忘它。

要原諒爸爸就沒那麼容易了。我要去多倫多教訓你一頓。當他的孩子需要安全感，當他的孩子需要愛，當他的孩子需要被保護，他卻以暴力要脅。他因為我這個未成年人竟膽敢在網路上和年長的男人聊天而怒不可遏。**如果連那一刻的我都不配被關心、不配被愛、不配擁有安全感，那我什麼時候才配？**他的那句話深植我身，比男人的威脅、執迷和那撫摸我手臂的手指，都更難以抹滅。

7 寂寞的孩子

我很早便領悟到，工作時不能讓爸媽陪在旁邊。我坐在一張木製小鞦韆上，正在布雷頓角的麥林家前院拍攝《小馬與我》其中一場戲。和我對戲的是尚．史密斯（Shaun Smyth），一位低調細膩、反應又很機靈的演員。我們輕輕地盪著鞦韆，他飾演的角色安慰著我，雙手沾了煤炭而髒髒的。我喜歡他，他長得很好看，舉止有點粗里粗氣，但對人和善。和小朋友對戲其實很吃力，所以我很感激他的寬容與耐心。

爸爸就站在我的視野邊緣。我的注意力從這場戲轉移到他身上，看他舉著他的一九七〇年代尼康（Nikon）相機，拍攝著黑白照片。我瞬間當機，那動彈不得的感覺再次襲來。無論當下我理應能做到什麼——用大人口中能轉譯到螢幕上的表現力，去創造一種真實的情緒反應——都在我感覺到他存在的那一刻戛然而止。

類似的反應，在媽媽注視之下也會發生。這些反應大約是在我的中性打扮變得不再可愛的時候開始的。**改變的壓力無所不在，處於一種始終不被認可的狀態。我猜她應該在內心祈求過，求我不是同性戀**。我需要一點空間。

十一歲時，我曾要求他們在我拍攝時躲起來，但那樣還不夠。我再也無法將自己釋放給情緒，釋放給那種感覺，給我深愛的那股衝動。我會被打斷。後來，我建議他們乾脆別來了。雖然我無法解釋清楚原因，但他們也沒往心裡去。我對於自己儘管害怕還是開口爭取所求而感到驚訝，也因為竟然真的有人聽進去而震驚。或許他們也鬆了一口氣，他們各自有全職工作，往往連到場都很困難。

在《小馬與我》第二季中，馬匹管理人李和傑瑞，以及他們十六歲大的女兒法倫，成了我的主要照顧者。他們和藹可親，還允許我跟他們一起住。他們在攝影棚附近有棟房子，在萊切斯溪（Leitches Creek）旁還有一座牧場，就在距離雪梨鎮二十分鐘車程處。我們會在流經他們家土地的河段中游泳，我會在出水時練習將頭髮向右甩，就像其他男孩那樣。我們會一隻隻抓下吸在身上的水蛭，就這樣拔呀抓的，不以為意。這段時光讓我覺得自己就像是《站在我這邊》（*Stand by Me*）中的男孩子，除了他們見到水蛭就花容失色，而我不會，這點令我覺得自己很勇敢。這是否提高了我夢想成真的機會，變得更像身穿白T恤的瑞凡・菲尼克斯（River Phoenix）？

除了工作時得飾演並裝扮成一位一九〇四年的女孩，這段時光讓我更靠近身為男孩的自己。我來到某個新的地方，身邊都是大人，都是以前不認識我的人。**我交到了朋友，貨真價實的朋友，會認同我的感受的那種；他們支持那個小男孩，讓他得以呼吸。**我有機會以自己的方式存在，重新來過，成為牧場上一匹率性的孤狼。在片場內外所嘗到的這股自由也轉移到了工作上，我變得更放鬆了。我很快樂。

爸媽幾乎再也沒來陪我工作。就算來了，也只是參觀一下，而且我不准他們進入片場。我很清楚，此舉某種程度上讓我少了一層保護，但是一旦親眼目睹你所能想像的最糟糕星爸星媽後，我很慶幸我過的不是那種生活。我見過一些慢慢將自己孩子消耗殆盡的家長，他們的過度保護實則是種忽視。如果他們是劇本中的一個角色，第一條註記鐵定會寫上「太過頭了」，但他們並未真的在看，也沒實際在聽。他們眼中只重視工作、形象和粉絲，這些與演戲本質恰恰相反的事物。**演戲應該是瓦解自我，而非愛撫自我**。這麼做是在葬送前途。

儘管我更喜歡我的做法，但我不擅長設下心理界線，這點不太妙。青春期將我變成一個我沒興趣扮演的角色，讓我的孤獨和迷惘越發嚴重，更加缺乏安全感。我迫切需要安放自我。我去到一座座新的城市，無親無故，獨自待在一間間飯店房間，很容易被一些人盯上。我敢保證，那些人絕對能嗅出這點，好比我在網路上認識的那個男人。**寂寞的孩子是完美的獵物**。

十八歲，模糊脆弱的界線

我十幾歲時曾被一位導演誘騙。他時常傳簡訊給我、送我書，讓我感覺自己很特別。他帶我去皇后西街的天鵝餐廳吃飯，在桌子底下撫摸我的大腿，低聲道：「得由你主動才行，不能是我。」

發生這件事不久前的一份工作中，有名劇組工作人員也對我做了同樣的事。他會趁拍攝空檔和我聊藝術與電影，想也知道，當然是聊庫柏力克*。有次，他約我週六下午出去。在雨中散完步後，他抓住我，堅持要我跟他上樓，把我往他懷裡一拉，我能感覺到他堅硬的下體頂著我。

就在我滿十八歲前夕，我第一次在洛杉磯拍了電影。我之前沒在美國拍過電影，而這也是我第一次去洛杉磯。我住在柏本克（Burbank）的橡木公寓式酒店，就在巴罕大道（Barham Boulevard）旁邊的一座山丘上。那裡以所有下榻過的童星聞名：尼爾・派屈克・哈里斯（Neil Patrick Harris）、克絲汀・鄧斯特（Kirsten Dunst）和珍妮佛・樂芙・休伊（Jennifer Love Hewitt）。那個地方總是擠滿星爸星媽。

《網交陷阱》（*Hard Candy*）以一名事業有成的攝影師傑夫，在網路上與一名十四歲的少女海莉聊天拉開序幕，傑夫一角由大名鼎鼎的派翠克・威爾森（Patrick Wilson）飾演。考慮到我才剛遇上偷窺狂事件，這套劇情巧到令人難以置信。電影中，兩人輕鬆地互相挑逗，言談爛漫。他們見了面，他開著他的 Mini 載她回他家，觀眾開始為海莉感到擔心。他們喝起酒。傑夫想拍照，他的語氣轉為挫敗，露出一絲侵略性。然而，此時出現反轉。一把尖銳的螺絲起子逼他趴地就範，他醒來後發現自己被綁在一張椅子上。

海莉堅信他涉嫌綁架並殺害一名和她同齡的少女。她放話，要是他不坦承，她就要閹了他，動一個她自學而來、簡單到不行的小手術，畢竟她可是資優生。她拿一大包冰塊冰鎮他的陰莖。傑夫痛苦萬分，雙手發青，急切地懇求她，發誓自己絕對清白。他放聲大喊，但徒勞無功。海莉手起刀落，將他的睪丸扔進廚房水槽。傑夫能聽見垃圾處理機浸泡他睪丸的聲音。

最終，她並未真的執行手術，不過傑夫倒是認罪了。「我只有拍照而已。」他說。只不過是戀童癖。

---

* 史丹利・庫柏力克（Stanley Kubrick），美國電影導演、編劇、製片人，著名作品包括《鬼店》（*The Shining*）、《二〇〇一太空漫遊》（*2001: A Space Odyssey*）、《發條橘子》（*A Clockwork Orange*）等。

整部電影幾乎都是在橡木公寓式酒店附近的一間小攝影棚拍完的。柏本克這個地方經常被視為世界媒體之都，是迪士尼總部、華納兄弟、尼克動畫製片公司及大規模色情產業的所在地。《網交陷阱》中絕大多數的場面都是在一套搭出來的景中拍攝的。傑夫家的裝潢時尚又簡約，是那種一九五〇年代的率性風格。他外出以Mini代步，性格敏感，總是以時髦專業的形象登場，是很難跟人成為朋友的那種人。

劇組裡有個男人總是隨身攜帶一小本《紐約時報》（*New York Times*）字謎書，據說是最難解的等級。他後來自己也拍起了電影。他人很有趣，也很怪，對我很好。我們會聊書、聊電影，討論晦澀又抑鬱的圖像小說。他眼裡的光讓我感覺被看見、被支持。他甚至有種貼心的特質。

我們在十八天半內拍完這部電影，可說是一段全心全意投入的情感衝刺。拍到最後，我累得暈頭轉向。《網交陷阱》的殺青宴辦在洛杉磯市中心，電梯一路爬升，將我們送上高樓。劇組人員之間產生了難得的同袍情誼，是人在創作時會期待獲得的那種感覺。我們喝酒、跳舞，含著眼淚說再見。

我的字謎友人載我回橡木酒店。我們開車穿越市中心的摩天大樓，高聳的建築不祥地籠罩四周。那時夜已深，我們開上一〇一號公路時，我將頭倚上車窗。我喜歡高速公路入夜後的光芒。

車子在橡木酒店停下，我看著他輸入保全密碼，大門徐徐敞開。他陪我走到公寓，跟著我進門。他明顯站得很近，身體輕輕掃過我的背。他語氣帶甜，雙手搭在我肩上，引導我進入臥室。我掛著微笑僵硬地走進去。他直挺挺站著，然後摘下眼鏡，我不知該做何反應。他讓我躺在床上，邊脫去我的褲子邊說：「我想吃了你。」我僵住了。結束後，他想和我一起待在床上。我的身體從邊緣開始稍微解凍，告訴他不准，叫他出去。他睡在沙發上。

滿十八歲讓我的界線更加模糊脆弱，宛如一張我並未同意就簽發的無言許可。某部作品剛啟動，有位工作人員主動提議週末要帶我去找房子。此舉很友善沒錯，但感覺不太對勁，遠遠超出了她這個職級的人該負責的範圍。但當時我一直住在飯店裡，很需要搬出去，至少要有一台像樣的冰箱，所以我答應了。她開著她的黑色奧迪來接我。

我們抵達第一間大樓，是棟新建案。我們在大廳和某個人碰面，那個人帶我們搭電梯上頂樓。她要求對方讓我們自己進去看看這間幾乎空無一物的公寓。他們在梯廳等候，我們入內參觀。這間公寓有兩間臥室，實在沒必要，反而凸顯我的寂寞。房子空曠得詭異，走路時回音很重，可看的地方不多，越發顯得沒意義。

我正站在空蕩蕩的客廳，站在沙發前面時，感覺到她抓住我。她的臉壓上我的，某種形式的接吻。全身結凍的感覺再次襲來。等我回過神，我已經躺在地毯上，背牢牢抵著地面。我沒說不，也沒抵抗，只是僵在那裡。我躺在地毯上，沒發出任何聲音。她開始用下身在我身上磨蹭，一開始很慢，接著越來越快，她在我上面，她的重量讓我的脊椎一直磨到地板。她閉著眼，臉別開沒看我，臉上冒汗。她粗喘著，並呻吟了起來。我什麼也沒做，死盯著天花板看，然後閉上眼，直到她高潮的時候才睜開眼睛看。這不過是我第二次和女人接吻，而且是我第一次親眼見到高潮。

這段關係延續下去。她會來我住的地方接我，帶我回她的公寓，在那裡上演差不多的情境。我躺在床上，毫無反應地凍在那邊，她在我上面，摸我，進入我。我的僵硬讓她很不高興，我被麻木占領，無法碰她。我們回到奧迪上，她會送我回我的租屋處，一間單調的一房公寓。她總會在工作時來我的拖車休息室上我，我會坐在她的大腿上，但不明白為什麼要這樣。

兩年後，我又回到同一座城市拍攝另一部片。關於她的回憶依舊揮之不去，那沉重的呼吸聲，在我上方流的那些汗，高潮時拱起的背。拍攝進度超過一半時，某天，我在天剛破曉時抵達工作現場，朝我的拖車走去，途中注意到一輛黑色奧迪，我的心跳停了一拍。不可能，我心想。但我知道就是她。

「達倫今天不在，所以有人來代班。」片場某名工作人員解釋。

我躲進拖車，企圖平復呼吸。有人來敲門。我打開門，是她。她站在那裡，視線上抬，露出微笑。

「嗨！我可以進去嗎？」她問。

我讓她進來。

「真高興看到你！我們之前玩得很開心，對嗎？」

什麼？我心想，沒說出口。

「我們之前玩得很開心，對嗎？我們不就只是一起聽聽音樂、找找樂子而已嗎，沒錯吧？」

她睜大眼。她的笑容幾乎掩飾了過去，但我能看見底下滲出的一絲驚恐之情。

「沒錯。」我回答。

8 理想還在半路上

二十七歲時，我去某位朋友位於洛斯費利茲（Los Feliz）的家借住了幾週。那陣子不停有人會在晚上來我家，還在門口沿路留下玫瑰花。那個人會留下紙條，留下一些我最愛的作家和音樂人的名言，卻沒表明身分。費解的紙條、不明的意圖，都是些我熟悉的伎倆。我決定加裝監視錄影器，並於施工期間暫時離家一陣子。

朋友在洛斯費利茲的家位於山坡最頂端，能俯瞰整座城市。夜晚，一整片燈海從我腳邊綿延至遠方。我能在那裡坐上幾個小時，看得目不轉睛。光線閃爍舞動，一連串的紅燈像血液流淌在洛杉磯的血管中。

我很少出門。朋友去外地工作，而我也還沒從一場心碎走出來。必須逼自己找點事來做才行。我向西開一小段路，去幫一位友人慶生。抵達友人家的派對後，我欣賞起房子獨特的格局。天花板挑得老高，幾乎給人教堂之感，廚房和餐廳設於最頂層，俯視著底下寬敞的客廳。這房子頗有年紀了，也許建於一九四〇年代，宛如一棟住著新潮主人的洋娃娃屋。踏出客廳，有座很大的木製露台，幾張長椅固定在地板上，能將周圍的樹叢和隔壁鄰居家盡收眼底。我這名朋友是社交達人，人緣極佳，所以整場派對客人絡繹不絕，氣氛高漲。賓客們忘情狂歡，想辦法在警方登門勸導噪音前，盡情品嘗每一滴歡騰。

那是二〇一四年。兩個月前，我才剛去拉斯維加斯參加由人權戰線（Human Rights Campaign）*所主辦的「發光時刻」論壇，並且在以LGBTQ＋青年為主題的開幕致詞上公開出櫃。我和經紀人在情人節的早上一起飛去拉斯維加斯。在柏本克機場登機時，我的焦慮程度再創新高，我幾乎一聲不吭，眼神空洞直視前方。在飛機上，我不由自主地反覆讀稿，彷彿這麼做能榨乾情緒，讓稿子變成廚房抽屜裡那張陳舊的外帶菜單，總能不帶感情地隨意一瞄。抵達飯店後，我什麼事也做不了，只能縮在飯店床上。沒開電視，不看手機，我就這樣用手臂環住身體，時間像灘爛泥聞風不動。

在後台等待時，我雙手緊握，視線低垂，迫切祈禱恐慌症別發作。如果我在台上直接昏倒怎麼辦？

我沒昏倒。我撐過演說，沒被情緒壓垮，也沒被宣洩擊潰。結束後，我整個人飄飄然，感受到某種輕盈，身體系統受到震撼。我做到了。一直到我上車前往機場，我才徹底崩潰，如釋重負地哭了，發洩出來。

肩上的重量消失了，那個我曾深信自己得背負一輩子的重擔。這是我人生最重大、最療癒的時刻之一，距離理想還在半路，但越來越近了。

派對上的名人混蛋

朋友的生日派對如火如荼進行，我試圖召喚幾週前才嘗過的那股輕盈感。我坐在外頭露台的其中一張長椅上，啜飲著龍舌蘭蘇打。我和幾位友人閒聊，也和許久不見的人敘舊，甚至認識了一些新朋友，樂在其中。此時，一位已頗有幾分醉意的舊識抵達派對。他離開室內，來到露台。我向他打招呼。我們偶爾會在健身房遇到。今晚的他感覺不太一樣，態度尖銳。他先攻擊我的個性，這就算了，但後來他開始踩線。

「我知道你想搞什麼把戲，我才不笨，我知道你在搞什麼。」他站得過近，俯瞪坐在下方的我。

「什麼？」我淡淡回應。對於他的挑釁，他那惡意的微笑，我內心是困惑的成分居多。

「少來了。你以為別人不知道嗎？你在炒新聞。」

我對這種語氣和肢體語言很熟悉——不經意的威脅，炫耀他的權勢。但我還是思索了一下他可能在指什麼。

＊美國最大的 LGBTQ＋民權倡導團體和政治遊說組織。

「你在說我是同志的事嗎？」

這話不知為何激怒了他，戳到他的點，他在我身旁的長椅空位上坐下，磨刀霍霍。

「沒那回事，你根本不是同志，你不過是害怕男人而已。」他斬釘截鐵地大聲嚷嚷，臉上仍掛著得意洋洋的微笑。我知道回嘴也沒有用，只會讓情況更糟。他繼續滔滔不絕。旁人紛紛開口勸阻，但他置之不理，那些人就放棄了。

我起身，朝露台的另一邊走去，企圖讓自己脫困。但他跟了上來，繼續坐在我旁邊，身體緊貼著我。

「你只是害怕男人而已。男人都是掠食者，而你不過是害怕他們。」

他以一種全世界唯有他的意見最要緊的態度對我說話，前來賞我一份智慧。他的身體吐出一連串侮辱性的穢語，而我全身繃緊，手肘嚴陣以待。

我叫他滾開，不要再來騷擾我，說他的行徑實在無禮至極。我再次起身朝室內走去。他緊追在後。我在一張小沙發上坐下，他也坐下。人們跟著《放浪青春》（*Spring Breakers*）的原聲帶起舞，在〈恐怖怪物和美麗精靈〉（Scary Monsters and Nice Sprites）的節奏中盡情宣洩。

我也是膽小鬼
別躲，我的朋友
因為我們並無不同

「我要幹你，讓你知道你不是同性戀。還要舔你的屁眼，應該會是萊姆味。你才不是同性戀。」他口齒不清地說。他不斷描述他要怎麼幹我、摸我、舔我，形容他有多喜歡幹女人，並視為施捨。

我不懂為何我沒有要求他離開，為何沒有請一旁只會說「嘿，別煩她」的人站出來幫我。幾位和我最親的朋友也在場目睹一切。權力的運作很奇妙，那時的他是全世界最出名的演員之一，此刻也還是。

我離座前往廁所。擔心他尾隨，我關上門並反鎖。我坐在馬桶上朝窗外望去，樹木只被露台的燈光照亮一點點。不確定外面是否有人看得進來，這個念頭加深了某種孤獨感。我在馬桶上多待了比所需更長的時間，洗手，然後離開派對。

事發過程持續很久，久到現場很多人都有目睹或耳聞。隔天，竟然有一名不在場的朋友從另一位同樣不在場的朋友那收到簡訊說：「我聽說他昨天晚上對艾倫很扯。」

幾天後，我獨自在樓上的健身房邊跑跑步機邊看新聞時，聽見了他的聲音。我不曉得他是怎麼知道我在樓上的，但總之，他前來示好。

「大家都說我得向你道歉，但我完全沒印象。我絕對不是那樣的人，我不會歧視別人。我不知道為什麼會發生那樣的事。我很抱歉，我很抱歉我什麼都不記得了。」

我繼續跑，沒停下來，也沒放緩。

「你很明顯對同志有意見，還狂對我說一些不堪入耳的話。雖然我根本不在乎你的下場，但沒被錄下來你真該謝天謝地。」我回應。

「我對同志一點意見也沒有，我發誓。」

我大力跑著。

「我想你真的有。」

他呆站在那裡，不停致歉。在那之後我又遇過他幾次，他幾乎連招呼都沒打，我也沒有。

全都是過程

我發現有些業界人士對我產生反感，甚至帶有敵意。那些一閃而過的挑釁以「玩笑」

做為包裝，或是拿酒精當藉口，抹去性騷擾的痕跡。

我還記得有一次，我坐在一位前演藝代理的辦公室，為VICE電視頻道打算製作節目《同志假期》（*Gaycation*）而興奮難耐，幾個月後我們很快就要出發日本拍攝第一集了。這時，其中一位經紀公司高層踏進房間，我向他分享這個好消息。

「好了好了，你是同性戀，我們都知道了。」他不假思索地回應。

他們彷彿認為有必要矮化這份努力，拒絕認可任何不是他們自己的經歷，拒絕傾聽。他們到處施壓，卻又不肯承認自己大權在握。那時候的我無法為自己挺身而出。我默默忍受、吞下，讓它沉在裡面。

公開出櫃不久前，我被勸退接下某個角色，因為那個角色「無法為我加分」。言外之意是——人們已經覺得你是同性戀了，這會讓他們更加認定，你絕對就是個同性戀，而假如你想在這業界繼續混，最好別露出馬腳。同樣的論調不斷重演，只有場景不同。我掛斷與代理的那通電話後，哭了起來。我已經超載，瀕臨潰堤邊緣。我打給經紀人，告訴她我再也做不下去了，我再也沒辦法隱瞞、說謊，我由裡到外被蛀毀、侵蝕。

我在拉斯維加斯的講台上說：

> 除了把自己放進一個又一個的盒子裡，你還得擔心未來，擔心大學或工

作，甚至擔心自己的安危。嘗試在腦中想像未來的人生——想像人生還會發生什麼破事——就足以日復一日、一點一滴地將你壓垮。這種人生既痛苦，又有毒，還非常不公平。

只需要花五分鐘就好，讓我們去發現彼此的美，而非互相攻擊彼此的差異。這並不難做到。這樣活著真的更簡單，也更美好，甚至還能拯救許多條人命。不過話說回來，這一點都不容易。這可能是最難做到的事，因為，要去愛別人，得先從愛自己和接納自己開始。

二〇一四年的出櫃，與其說是一項決定，不如說是不得不這麼做。但，沒錯，那是我這輩子為自己做過最重要的事情之一。**無論出櫃伴隨著什麼，是否以另一種方式將自己暴露在外，進而變得更加脆弱，全都值得。全都是過程。我寧願活著痛，也不要躲著活。**我抬頭挺胸，我心赤裸，我能以過去認為不可能的方式存在於世界——手牽著手。

然而，有股空虛仍然在內心深處蟄伏。那個隱晦的聲音在我耳邊低語，純熟魅惑一如往昔。

9 陌生的惡意

二〇二二年春天，我剛和朋友吃完晚餐，準備回到我在西好萊塢下榻的飯店。我一邊沿著日落大道（Sunset Boulevard）向東走，一邊傳訊息給麥迪欣。一個月前，我們的一位共同好友成功撮合我們交往。麥迪欣聰明、有趣又善解人意，我們的性愛狂野但安全，也許是我這輩子體會過最不羈的性愛也說不定。這副新皮囊令我感到踏實，感到臨在，享受那些我沒想過自己會享受的事物，感覺自己前所未有地酷兒。原來，跟一位喜歡和我的老二做愛、也喜歡和我的小妹妹做愛的人上床，並允許自己享受其中的感覺，竟是如此自由。**身體不再僵硬，不再暗潮洶湧，湧起想逃跑的渴望**。

麥迪欣一到，我們立刻吻了起來，任由肉體的化學反應接管，像兩塊磁鐵吸附需索彼此。我順著她的身體一路往下，直到跪在地上，她雙手擱在我頭上，力道輕微地扯著我的頭髮。我們做了幾個小時的愛，然後沉沉睡去。我幾乎總是在六點鐘左右醒來，躡手躡腳溜出房間，不想吵醒她。我倒咖啡來喝，接著坐在電腦前開始寫作。我喜歡清晨，喜歡清晨的寧靜，某種健康的孤獨感，像是種叮嚀？

那間飯店位於日落大道上。我打算待六天，見見我在新冠肺炎疫情高峰時期特別想念的朋友。**如今的每一聲哈囉和再見都有了新的意義**。三年前，我從洛杉磯搬去紐約，這次再從紐約飛回這個我曾住了十年的城市。我在這裡住過許多地方，漢考克公園（Hancock Park）、比奇塢峽谷（Beachwood Canyon）、影城（Studio City），最後的落腳處則是離這間飯店不遠的尼科爾斯峽谷（Nichols Canyon）。西好萊塢是洛杉磯出名的ＬＧＢＴＱ＋中心，聖塔莫尼卡大道（Santa Monica Boulevard）上同志酒吧排排林立，主要客群多半為順性別的白人男同志，沿路可見彩虹蹤影。

我寫了整個早上。九點半，麥迪欣來到桌邊加入我，她的棉褲和復古T恤讓我硬了起來，我對棉褲沒有抵抗力。我們一起坐著工作。我們相處的時光很愉快，互動自然又坦率，沒有強迫，靜靜不說話也很好。

我們寫作然後做愛然後吃飯然後午睡，接著，我在四點左右首次踏出飯店，前往粉紅點（Pink Dot），就在日落大道對街的一間便利商店。粉紅點最出名的是它繽紛的外觀，是粉紅色加天藍色的，還有門口停著的那台復古福斯金龜車，藍色車身上飾有粉紅圓點，車頂還戴著一頂螺旋槳帽。

從飯店大門走到日落大道和拉辛內加街（La Cienega）東南方交叉口的路程很短，我和一位高個子的男人擦身而過，並短暫對上眼。他一手拿著冰沙，另一手拎著塑膠袋。紅燈在我接近轉角時亮起，日落大道上的車開始奔馳，他轉身，開始朝我走來。

「看什麼看，你這死 gay！死 gay！」他對著我大罵這句話，一遍又一遍。每一聲死 gay 都比前一聲更響亮。人行道上的路人紛紛走避。

他距離我不到一公尺，死瞪著我。我僵在原地，當下沒有餘地讓我澄清我根本沒在看他。他自顧自地繼續高聲辱罵。我擔心假如我轉身逃跑，反而會刺激他採取下一步，回嘴也一樣。所以我乾脆站著不動，直視前方，盡可能讓自己看起來沒受影響。而那一刻，我確實如此，因為我太震驚了。這一招似乎奏效，他開始繼續向東走了幾步。我拿出手機打給麥迪欣，最好不要傳簡訊，用講的才能避免低下頭。我顫抖著，向她解釋發生了什麼事，問她能不能過來粉紅點找我。這通電話激怒了他。當燈號終於改變，我踏離人行道時，他又掉頭回來。

「你他媽別談論我，死 gay。我知道你在講我，我要痛扁你！」

他從身後追上來，對我大罵。麥迪欣透過電話聽見這一切。

「我他媽要揍死你這個死 gay。」

他開始加快腳步，這一回我拔腿就跑，希望能在被他逮住前抵達粉紅點。那驚慌失措的感覺讓我回想起和賈斯汀待在山丘上的那次，或是多年前在西好萊塢的另一次。當時有位男人大罵：「我要把你揍到滿地找牙，你這個他媽臭女同志。我會在警察來之前殺了你。」我的朋友安吉拉開車載我快速駛離現場。又或是我十八歲那一次，我躲避著一群圍剿我的青少女。「又不是萬聖節，你幹麼打扮成蕾絲邊？」她們步步逼近，威脅著我，其中一人開口嗆。又或者是寶拉和我閃避一名朋友的朋友那次，那人被我們的摟摟抱抱激怒，醉醺醺地往營火旁的我們靠近。「你們要不要臉啊！」他咆哮。旁邊的人不得不用力拉住他，他才跌跌撞撞離開。

「這就是我為什麼需要一把槍！」我十萬火急推開粉紅點的大門時，男人的辱罵聲就在我背後。

「請幫幫我！那個人一直朝我大吼，罵我死 gay，還放話要揍死我。」我劈里啪啦說了一大串，一邊猛力轉頭過去看，又轉回來。

我的聲音顫抖，上氣不接下氣，但我努力克制。男人就站在門口。櫃檯後方有兩個人在工作。其中一人衝到門前吼他離開，眼看他徘徊不去，轉而鎖門後，那個人便轉身離去。櫃檯的女士問我要不要喝點水，勸我深呼吸。

「我們這裡絕不容忍那種事，」她說，「你還好嗎？確定不用喝點什麼？」

我回答我沒事，但感謝他們的幫忙，聽她的建議深呼吸，試著平復下來。

大多數的日子，我已經學會將這種時刻切除隔離。關掉，聳聳肩，讓它順著我的背流下——就像那罐不到六個月前，我在多倫多拍攝《雨傘學院》（*Umbrella Academy*）第三季時，走在皇后西街上朝我扔來的啤酒一樣。同樣是一處號稱酷兒友善的地方，一名男子與我及朋友珍妮希斯擦身而過後，轉身將他的啤酒往我們的後腦杓丟。

「死同性戀！死同性戀！」他邊離開邊說。S音蛇行，「嘶——」，宛如毒藥滑下喉嚨。那一次，我下意識地做出反擊，過去每一次隱忍所累積的憤恨一次爆發。

「你剛才叫我死同性戀嗎？幹！」我罵回去，不斷重複，人行道上有幾個人圍觀。珍妮希斯求我冷靜下來。那人掉頭離去。

我經常回想那光景——那男人理直氣壯的憤怒，以及我的反應。**憤怒與男子氣概是如此緊密交織在我們的社會中，我盼望用我的生命重新定義它**。

我忘記自己焦急推開粉紅點大門時掛掉了麥迪欣的電話，此時，我看得見對街的她正朝這裡走來。男人已不見蹤影，所以我謝過店員的幫忙，走到人行道和她碰面，同時不忘左顧右盼。我們走路回飯店，那短短的路上，我確保自己維持警戒。

我轉述起方才的事件，她伸出一隻手臂摟住我，觸感已和稍早不同了。

10 一場又一場同理心練習

一直到三十歲，我才去刺了人生第一個刺青，但那刺青背後的意義，其實可以追溯到我很早期的演員經歷之一。我刺了「C KEENS」，就刺在右上臂靠近肩膀的地方。C KEENS 是我替最親愛的摯友之一——凱薩琳．凱娜——所取的暱稱。我是在人生一段關鍵時期認識她的，《網交陷阱》之後，《鴻孕當頭》之前。那時我很忙，但沒什麼名氣。我在人生地不熟的洛杉磯無依無靠，笨拙地匍匐前進。當時我正在為下個角色做功課，徹夜鑽研那些恐怖的素材，希望能和同劇演員處得來，彼此能產生信任。我發現，要將自己從角色中抽離很難，而這次的角色格外煎熬。

我和凱薩琳初見面的地點是在她位於聖塔莫尼卡的家，離海邊只要步行幾分鐘的路程。那時我十九歲，剛同意出演電影《美國式犯罪》（*An American Crime*），即將與她共演。導演兼編劇湯米．歐哈佛（Tommy O'Haver）開車來好萊塢高地大道（Highland Boulevard）的一間飯店接我。我們朝她家方向、往西開了四十分鐘，目的是讓凱瑟琳和我可以先在她家聚一聚，聊聊電影和角色，但主要還是為了熟悉彼此。這次的角色並不輕鬆。

她家是一棟深棕色的舊式工匠風格建築，有個格外廣大的後院，是很難得會在聖塔莫尼卡看見的那種。院子有間小樹屋，下方懸著一個鞦韆。茂密的樹籬已經長得比圍著的籬笆還要高，感覺像是自己的一方小天地。

能夠被選上，要和如此傳奇的演員對戲，對我來說實在很超現實。我竟然要和這輩子數一數二喜歡的演員一起拍電影。踏進她家後門時，我整個人羞澀到說不出話來。

我想讓自己看起來很酷。復古T恤、黑外套、破舊的Converse帆布鞋。凱薩琳用熟悉的嗓音和大大的微笑迎向我們，身上穿著刷破牛仔褲和一件寬大白T，渾身散發溫暖與真誠。她落落大方，豪邁中帶有獨特的感性。

我們跨過她的露天陽台，繼續向上往屋頂前進。我們的笑點很像，她不停發出她那標誌性的笑聲。我們邊眺望著太平洋，邊討論接下來的事。她毫無架子，絲毫沒有那種看你年輕就不屑一顧的語氣，反倒有種說不出的自在氛圍。我以前從來沒遇過像她一樣的人。

我褪去害羞，投入當下。我已經能感受到她的關心、她想要保護我的欲望，而且一點都不刻意。我們很快就成為朋友，但那次拍攝對十九歲的我影響之劇烈，連我們的親密能幫忙舒緩的程度都有限。

我的美國式犯罪

《美國式犯罪》是根據真實事件改編，描述一九六五年一名十六歲少女希維亞・林肯斯（Sylvia Likens）慘遭虐待的故事，是印第安那州史上發生於單一受害者身上最嚴重的虐待事件。電影雖然殘酷，但略有收斂，實際的狀況甚至更糟。我被選中飾演希維亞。

希維亞的父母是嘉年華會工作人員，要去各地工作時便將兩名女兒寄養在葛楚・巴尼澤夫斯基（Gertrude Baniszewski）家。凱娜飾演葛楚，一名育有七子的單親媽媽。她住在印第安納波利斯（Indianapolis），生活窮困不堪，勉強靠著幫鄰居洗衣服維生。葛楚幾乎不曾進食，氣色枯槁，一張臉瘦骨嶙峋，身體細得像隻耙子。她靠鎮靜劑治療自己，一小瓶接著一小瓶牛飲，心情從一處極端擺盪至另一處極端。希維亞的父母將希維亞和妹妹珍妮留給葛楚和她的一幫孩子照顧，每週支付二十美元。

當款項首次延遲，葛楚便把氣出在希維亞和珍妮身上。她把她們抓去地下室，命她們彎下腰來，抽棍子痛打一頓。虐待逐漸加劇，葛楚甚至鼓勵她的小孩一起加入。拍攝時最駭人的其中一幕，是葛楚強迫希維亞在其他小孩面前將可樂瓶塞進下體。

我們並沒有真的在其他年幼的演員面前演出這幕。他們在現場時，只拍攝了自己的鏡頭。鏡頭外，我們假裝葛楚只是扭了希維亞的胳膊。

可樂瓶那場戲的高潮是她被拖往地下室的階梯。邊哭邊尖叫的她被扔下樓梯，一頭砸在水泥地上，留下嚴重的鈍性創傷。

在這之前，我參與過的電影中，也有幾幕相當難拍——暴力的、性的、激烈的，但這次不一樣。這部電影每分每秒都殘忍到難以言喻。十幾歲的我不像現在的我一樣，有能力在投入和抽離之間輕易斷然切換，讓工作就只是工作。那幾幕場景縈繞不去，感覺卡在身體裡，需要更多時間才能從體內排出去。

希維亞臨死前慘遭烙刑。葛楚雙腿叉坐壓在她身上，其中一名孩子將希維亞的手固定在她頭頂上方。電影在二〇〇七年的日舞影展首映時，有觀眾看到這幕便在劇院中暈了過去。我不怪他們。希維亞不久後就死了，肉身刻滿了折磨。

希維亞的身體一天天消失，最終破滅。知道這是真實故事讓一切更糟，細節更是令人反胃。我無法從希維亞身上掙脫，那些時刻跟著我回了家。

如果家裡只有我一個人，我便會開始踱步。走一走然後坐下，再起來繼續走。看向窗外，轉身去浴室。再次坐在窗台上，坐著抽菸。抽完菸，抓起背包出門。必須逃跑的念頭在內心蠢蠢欲動，沒完沒了，構成新的日常。停下的話就太冒險了，那正是情感湧上的時候。飾演一個多少算是被餓死的角色，讓我向渴望消失、渴望懲罰自己的欲望靠攏。

「都是為了電影。」若有人關心起我消沉的胃口，我總是以此回應。那令人惱火的關切語氣，幾乎像是種質疑。

我會證明給你們所有人看，我什麼都不需要。腦中細小的聲音如此吹噓著，一邊的嘴角勾起半抹得意的淺笑。

希維亞痛苦時會用手狂抓水泥地板，抓到指尖磨爛，還會無法克制地咬嘴唇，好撐過苦痛。她的屍體被發現時，看起來似乎有兩張嘴。

我好餓。

還要兩小時才能吃飯。

吃什麼？

蒸蔬菜和糙米……半碗。

還有多久？

一小時四十五分。

我會在晚上洗澡，洗掉身上的燒傷和瘀青，提醒自己，我沒什麼好抱怨的。我怎麼膽敢拿自己愚蠢的痛苦與她的相提並論。

我不停重複聆聽英國歌手佩圖拉．克拉克（Petula Clark）的〈鬧區〉（Downtown）。

這是一九六五年最紅的金曲之一，希維亞被殺的那一年。

也許你能找到善心人
幫你，懂你
和你一樣需要援手的同路人

走路時我會聽。公車行駛在日落大道時我會聽。坐在家裡窗台上抽菸時我會聽。這種行為是強迫性的，是一種我習慣和歌曲相處的方式，有的理由很奇怪，有的還好。

我會走下山，走到日落大道，跳上西向的公車去好萊塢。我會在藤街（Vine）附近下車，漫步踏進變形蟲唱片行，一間巨如倉庫，販售新舊唱片、CD和DVD的洛杉磯唱片行。店裡播放著最新最潮的歌曲，顧客翻閱一張張硬塑膠殼唱片的噠噠聲不絕於耳，彷彿一台控制速度的節拍器。這麼做能幫我打發時間。

我所飾演過的角色以各種方式影響著我。怎麼可能不受影響？那是一段探索另一個人類經驗的過程。**一場永無止境的同理心練習，敞開心房，祈禱一切滲入吸納，等待那場情感的釋放**。我會閉上雙眼，讓它襲來，一陣深不見底的絕望。我納悶她怎麼能撐那麼久，她怎麼能不乾脆放棄？我猜那就是折磨的意義，把你扯到了盡頭，又再拉你回去，一遍又一遍。

那時我住在銀湖（Silver Lake）一棟兩層樓房子的頂層，那一層被改建成獨立的公寓。公寓格局只有一房，美麗的市景透過大大的窗戶映入眼簾。房子隱身在露西爾街（Lucile）山腰上，離日落大道不遠，但遺世獨立，得爬一段相當陡峭的路。當時的我孤伶一人，我在洛杉磯時，身邊半個朋友也沒有。

我記得凱娜開著她的黑色轎車把我撈起來，帶我去參加一場美國國慶烤肉派對，就辦在演員巴斯特·基頓（Buster Keaton）住過的房子後院。我想她察覺到我被無以言說的處境給困住，所以想幫我。我們在她朋友 Karen O 對面坐下。Karen O 是我的偶像，《現出原形》（*Show Your Bones*）是我當時心目中最神的專輯。但食物讓我壓力很大，喝酒也是。我的眼珠轉來轉去，大腦停不下來，令我無法享受當下。

那陣子，我偶爾會和某個男人約會。我們會一起上餐廳吃飯，而我乾瞪著菜單發呆。我什麼都不想吃。我們曾去一間開在火車車廂裡，只供應義大利麵的餐廳。我們沒點餐就離開了，他開車把我送回家。

「我自己的問題，我早就處理好了。」他發動車子離去前說。

「我想我是同性戀。」有一次，我趁我們做愛時說。當下的我呈現一種封閉且疏離的狀態，甚至並非刻意在演。

「你才不是。」他回答，下身繼續抽動。

我幾乎不吃不睡，在片場恍恍惚惚。我強迫性地不停抽菸，期盼能呼出一切思緒。抑或如馮內果所說：「公共健康管理當局從未提及許多美國人菸抽得凶的主因，也就是——吸菸是一種相當堅定、相當高尚的自殺方式。」

拍攝工作變得越來越難受。我有時會睡在凱娜家，尤其是那些特別可怕的日子，待在她家讓我有被照顧的感覺。我們會坐在她的火爐邊一起喝龍舌蘭，我們大放音樂並跳舞、跳舞、跳舞，寬闊的未知冒險在眼前開展。我們因拍片而相識，拍一部她謀殺我的片子。現實世界中她卻是我唯一的浮木。

電影快殺青時，我暴瘦許多。等我回到偶爾還是會回去小住的哈利法克斯後，體重依然直線下降，我掉到三十八公斤，手臂細到可以伸進外帶咖啡的隔熱套，一路穿過手肘、推到肩膀。我一天比一天消瘦。那年稍後的萬聖節，我打扮成咖啡隔熱套——小心燙口——用又黑又粗的馬克筆寫道。

無論多少關切的言語或眼神，無論旁人端出多少美味的點心試圖讓我吃點東西，我都不接受。我拒絕接受。傷害自己的身體傷害到那種程度一定是某種呼救，可是當援助果真到來，卻讓我既憤怒又怨恨。為什麼現在才來？這樣質問的確很偏頗，畢竟我從未向任何人透露過我在和怎樣的問題纏鬥。

殺青後第一次回家，媽媽的臉上寫滿了驚慌。她眼中的憂心讓我心碎一地，是一種我未曾見過的痛苦表情，而那罪魁禍首就是我。我跨過了一道檻，我的體重低到讓憔悴顯而易見。我對自己凹陷的雙頰感到害怕。

我渴望修復她、保護她，而這股欲望將我的飲食失調推上一個新方向。我現在想吃東西了，迫切地想吃。我不想讓她產生那種感受。

好不容易有了吃東西的動力，我卻做不到。當我準備咬一口三明治，只是一些簡單的，不是什麼太特別的食物時，我的喉嚨會緊縮，後頸開始冒汗，胸口湧上深深的恐懼。我的恐慌症大發作，無法嚥下嘴裡的食物。先前的我一直執迷於控制自己，如今竟全面失控。擠壓得太太太緊了。想當然爾，我的身體不願再聽命於我。

那東西不能進去。那東西不能進去。那東西不能進去。

日子兜著應該讓食物進入身體裡的時刻打轉。我的氣色像死人，身形骨瘦如柴，一切已無所遁形。我躲不掉壓力，躲不掉無所不在的擔憂。我也甩不開希維亞，我無時無刻不在想她，從來沒有一個角色像這樣卡在我的身體裡。地下室的片段，飢餓感，被迫吃下自己的嘔吐物，被忽視的慘叫聲。

「要不要試試看在花椰菜上淋起司醬？」一位諮商師好心建議。

我坐在她位於戴爾豪斯大學（Dalhousie University）附近的辦公室裡，是間白色的房間，證書裱框展示，她有一頭波浪狀的淡色長捲髮，戴眼鏡，臉上架著一抹微笑。

「堅果是很好的零食，適合隨身攜帶。」

我們的話題環繞著早餐該幾點吃、該吃什麼，零食該幾點吃、該吃什麼，晚餐餐盤上該出現幾份的什麼。我不該去運動，不能做伏地挺身或任何類似的動作。我們只聊跟食物有關的話題，但問題全都與食物無關。

我避開我在哈利法克斯僅有的幾位朋友。我覺得很丟臉。「那個女演員」離開後又回來了，和其他人一樣。我就是一齣臭掉的老套戲碼。社交焦慮在此前已是我生活的常客，而當我的心理健康狀況惡化，孤立感便加重了，簡單傳個訊息給朋友都像是件不可能的任務，約出去見面更是天方夜譚。

過去，**寂寞始終是我的主食**，一種與生俱來的斷裂感，與周圍環境脫節，某種根本性的解離。我被引誘，蕩離自身，認為身邊的人巴不得我消失，認為他們比較想要我以一種假象存在。

我好一段時間無法工作。諮商師建議我休息一陣子，父母也這麼說。無論從哪個方面來說，演戲都是我最不想做的一件事。我太脆弱，太不穩定，聲音一大就會嚇到我，肩膀被輕輕一碰也會蜷縮。離開、獨處——生平第一次，全都成了不可能的念頭。過去的我一心只想自個待著，現在的我卻緊緊抓住任何能抓到的一切，抓住任何能感知到的照料。

多數時候，我遵照諮商師的規劃進食。吃飯時的壓力並未消失，意識到情況已經非同小可更是讓焦慮有增無減。我真希望其他人能停止關切，厭倦了那些「聊聊」和監視。當時，我有一個十分想要得到的角色，甚至還是個懷孕的青少女，我專注在《鴻孕當頭》上，避開最重要的問題。

零食這種概念幾乎不存在於我的生活中，很難想像睡前得吃點東西是什麼意思，但我還是會硬吞下去。我的體重開始上升，我喝用藍莓、酪梨和蛋白粉打成的果昔，喝完會脹氣。我漸漸學會吃零食，慢慢訓練我的身體重新學會咀嚼、吞嚥、消化食物。學會保持冷靜，不必先喝醉再說。結果雖然仍不理想，但至少慢慢長回了一點肉。

那部低成本小片

我得飛去洛杉磯參加《鴻孕當頭》的最終甄選，其實就是類似試鏡。我是那種一旦覺得自己不適合某樣事物時，總是率先承認的人。但這次，屬於那些非常難得的時刻之一，我才讀到劇本第五頁，就無法想像自己不去做這件事，我就是知道。我是在我哈利法克斯家的房間地板上讀劇本的，編劇是蒂波洛・寇蒂（Diablo Cody），她的機智塑造出一種獨特的語言，又自然又誠實。身為一名演員和一位觀眾，我一直渴望這種東西、這種角色。這個我做得到。

我還是過瘦，但好多了。媽媽陪我一起飛去洛杉磯，我從一個很小就獨立、十六歲就搬出去住的大人，變成一個需要母親陪同旅行的小孩。獨自出門在外感覺太危險，而我不能冒任何風險。好心的諮商師如此建議，但我不認為這是最好的判斷。隨著我對自己的酷兒認同更加堅定，媽媽對我的否認也越來越強烈。

我媽當上老師之前曾在加拿大航空工作，不是空姐，而是機場地勤。她這輩子都很怕搭飛機，她會在起飛時閉上眼睛，緊緊抓住扶手。遇到亂流時，就會發現一旁的她心跳加速，全身好像在顫抖。我會安慰她沒事，一下就過去了。看見媽媽害怕讓我很心痛，感覺窺見了她的痛苦。她這一生經歷過很多痛苦。

飛機抵達飛行高度。我的焦慮開始蠢蠢欲動。在飛機上別無選擇，只能好好窩在座位上，哪裡也逃不了。我只好不停翻閱試鏡劇本，在腦中默念台詞，一遍又一遍抄寫，幫助記憶。我媽總算冷靜下來，專心看起電影。

我們從哈利法克斯飛到多倫多，在轉往洛杉磯的航班上遇到了麥可．塞拉和他爸。這次試鏡我得讀三十頁的劇本，多半是和麥可一起，是我參加過最長的試鏡。不過，由於我剛一口氣追完《發展受阻》（*Arrested Development*），心情很興奮，覺得麥可在劇裡的幽默感既獨特又接地氣，情感真摯不做作。我和媽媽的座位在機艙中間，麥可和他爸則坐在走道的另一邊。我們寒暄了幾句，他話不多，但態度友善。

起飛後，麥可立刻放下餐桌板，雙臂交叉趴頭就睡，而且一路睡到飛機準備降落。我在一旁看得欽佩不已，不敢置信。他怎麼可以如此一派輕鬆？我挪動身體，貼緊椅背，再往後仰一點，這個角度看得到媽媽的膝蓋焦慮地抖動。

雖然試鏡前就已經暗示角色會是我的，但是我接到電話時，心臟還是興奮地直跳。這也是非常難得的狀況——一個讓我充滿喜悅的角色。我被選中了，我夢寐以求的角色。

起初，劇組打算在試鏡後幾個月就開拍，但最後推遲了。推遲對我而言是好事，能有更多時間療養，沒有藉口可找。我在進食方面有顯著改善，儘管還是會自我管束，但工作很有幫助。這部片拍起來很療癒，痛苦的片段不會跟著我回家，我也努力記得要滋補身體。情況仍不完美，但已大有改善。我找到了有意義的事可以專注，不像先前那樣，感覺一切都毫無意義，感覺憂鬱早已將我榨乾。

這份工作讓我感到舒適，有個穩定的立足點可以開始，而不是得努力從身體外面朝自己爬回去。拍戲時的髮型、造型和妝容往往是我的惡夢，但諷刺的是，扮演一名懷孕的青少女，竟然是我頭幾次能在片場感受到些許自主權的時刻。**我戴著假肚子，但沒有被過度女性化。對我來說，《鴻孕當頭》象徵了一種可能性，一處超越二元性別的所在。**

待在溫哥華拍攝期間，我住在薩頓飯店，也是部分業界人士口中的「爽一頓飯店」。那間飯店很雄偉，裝潢略有年代感，位於溫哥華市中心，設有演員經常下榻的長住套房。

我和媽媽共用一間有兩間臥室的套房。媽媽是聖公會牧師的女兒，一九五四年出生於新布倫瑞克省聖約翰市（Saint John），這讓我在拍攝期間交了女友的事情變得複雜。我的女友是第一個和我在雙方完整合意下發生性關係的女人。

第一眼見到奧莉薇·瑟爾比（Olivia Thirlby）的時候，我吃了一驚。她舉手投足充滿自信與膽識，長長的棕色頭髮以慢動作飄逸。我們同年，但她看起來比我成熟、可靠、又沉穩。她的性觀念開放，與當時的我截然不同，但我們之間的化學反應很明顯，深深吸引著我。我在奧莉薇面前總是害羞得令人尷尬，她經驗豐富，而我封閉自己。我幾乎很少對任何事敞開心胸，在她身邊卻讓我很自在，開始從殼裡探出頭來。我們很快就成為朋友，時常待在一起。

我們站在她的飯店房間裡，美國爵士歌手比莉·哈樂黛（Billie Holiday）在背景唱著。她正準備要做午餐，突然直勾勾看著我，很乾脆地說：「我真的很喜歡你。」

「呃，我也真的很喜歡你。」

我們就這樣熱吻起來。故事就此展開。

我對她的渴望是全方面的，她讓我以一種全新的、充滿希望的方式去渴望。這是頭幾次有人能讓我高潮，也是我第一次願意敞開自己。我們開始不停做愛：在她的飯店房間、我們拍戲的拖車休息室，還有一次是在一間餐廳的狹小包廂。我們那時候到底在想什麼？我們還以為自己很小心。和奧莉薇之間的親密消除了我的恥辱感。**在她的眼眸裡，我看不見一絲一毫的羞恥，而我渴盼如此——我不想再因為我是誰而感到痛苦**。

我不知道媽媽那時候是否懷疑過什麼。她很可能只覺得奧莉薇和我很快就混熟了吧，這樣說也沒錯。但，我還是小心不讓她發現。奧莉薇應該只來過我的套房一次。

我們偶爾會去麥可的房間玩，有一次，喬納・希爾（Jonah Hill）也來了。那時他們剛拍完《男孩我最壞》（*Superbad*），但電影還沒上映。我們有大麻和琴酒，麥可拿出一架很酷的小電子琴，和喬納一起彈著玩。他沒在拍戲時會做點音樂，一直都是那副完美又煩人的酷樣子。我們都茫了，一起溜去溫哥華街上閒晃，我們晃去史丹利公園（Stanley Park），一處規模龐大、令人驚嘆的都市綠洲。那裡的樹木高聳參天，讓人心生崇敬，道格拉斯杉、美西紅側柏……有些甚至能竄到近七十六公尺高。所有這些時刻都是嶄新的冒險。

拍攝《鴻孕當頭》讓我重新振作起來，鼓舞了我，讓我變得堅強。

我們在冰壺溜冰場上互道再見，一場非常加拿大式的殺青派對。飛回家的路上，我的心好痛。我在多倫多轉機，登上了飛往哈利法克斯的航班。飛機穿越雲層、準備降落時，我正在聽爛桃子樂團（Moldy Peaches）。我盯著窗外，下方除了樹木、湖泊和河川，什麼都沒有。

那部低成本小片會成功嗎？飛機降落在柏油碎石跑道時，我思索著。突如其來的顛簸嚇了我一大跳。

11 只是開玩笑而已

十一歲之後我就沒吐過，一直要到我二十八歲，以同性戀身分出櫃的沒幾個月後，才打破這項紀錄。那天，在一場辦在布魯克林朋友家的美國國慶派對上，我們爬上屋頂看煙火。砰！砰！我抬頭望向河面上的天空，繽紛的色彩在背景襯托下炸開，月亮低頭盯著我們這些好笑的人類，對我們好笑的行徑感到神奇。我的頭突然有點暈，耳朵也開始耳鳴。

我是要吐了嗎？我心想。難道此刻就是打破紀錄的時刻？像影集《歡樂單身派對》（*Seinfeld*）餅乾那集一樣？

梅茲卡爾酒和甜點從我嘴巴噴射而出，灑得胸前到處都是。

在那次之前，「無法嘔吐」這件事在我心中總伴隨著一股酸楚。我正是在十一歲的時候察覺到身體的改變，發現自己在非自願的情況下從男生變成了女生。長大以後，每當我的性別不安再度扯開喉嚨唱起它那煩人的曲子，唱起那首你不懂自己為什麼能琅琅上口的芭樂歌時，我都會說：「我只想當一個十歲小男孩。」要向沒經歷過性別不安的人解釋那是什麼感覺真的很難。有點像一個討人厭的聲音在你後腦杓喋喋不休，你以為每個人都能聽見，但並非如此。

十一歲是我最後一次感覺自己真真切切活在這副皮囊裡，而不是懸在上空、無家可歸，焦躁地想回去。那是某種離開，是披著偽裝，開始以假身分過活、加入證人保護計畫。他知道的太多了。

我緩慢地拆解它，一層層將精密的構造分離、打算重建，卻一再失手摔碎。那首芭樂歌循環播放了二十幾年。如今，我已經很少再聽見它了，只有偶爾隨機播到時會嚇一跳。我也忘了大部分的歌詞，真是謝天謝地。

無法嘔吐並不代表我不會生病。十四歲時，參加新斯科細亞省級足球賽練習的前一天，我因為食物中毒而重病。當時我在爸爸家，衝去廁所拉到暈頭轉向，把頭抵在牆上掛著的一條裝飾用小毛巾上。我的意識在現實與虛幻間來回，彷彿就會這樣被吸走、沖掉。近來大腸桿菌時常上新聞，大批的農作物和肉類被召回，不知道當時的我是不是也中標。

後來，排泄總算停止，我用手撐著檯面站起來。一步、兩步，鏡子裡出現另一張臉，蒼白又空洞，幾乎不成人形。我的視線模糊，頭暈目眩。我離開廁所，關上燈，世界突然歪向一邊，陷入一片黑暗，然後，砰！我昏倒了，重重倒下，下顎和下巴首當其衝，大腦也跟著震盪。我離丹尼斯和琳達的房間只有幾步之遙，我沒有呼救，也沒有大喊爸爸，我不想因為打擾到他們熟睡或因吃了不該吃的東西而被怪罪。

我撐著劇痛的頭緩慢地爬回房間，當我努力把自己拉上床時，琳達來到我的房門口。她一定是聽到了那聲撞擊。她一個人。

「你在搞什麼？」她冷笑一聲說，並趁我結結巴巴回應時，轉身去拿了一條溼涼的毛巾和一個桶子給我。

第二天早上，我媽堅持要我去踢球。身為省隊的一員，每一次練球都是一場選拔賽。他們把新斯科細亞所有最優秀的球員湊成一隊，所以每個人隨時都有可能被淘汰。出席很重要，足球比任何事都重要。又或許，我媽就是要看到我和其他女孩子跑在一起，才能感到鬆一口氣。

我的足球背號是十六，我最喜歡的數字。直到成年後我才發現，它和我每個下半月回媽媽家住的日期有關。待在琳達家的時光起初還算有趣，不是玩任天堂遊戲機就是和繼兄玩，然而正式一起住之後就不同了，她似乎對我越來越反感。我感覺得到，她對丈夫從首任婚姻帶來了一個包袱心懷不滿，她才不想淌這灘渾水。直到長大成人前，我從來沒和爸爸認真反映她對待我的方式，我也未曾反抗過她，一次都沒有。我猜當時的我覺得自己活該，而我又有什麼該死的理由不這樣想？我爸明明知道，卻袖手旁觀。

「我們十次吵架，有九次都是因為你。」多年以後，爸爸這麼對我說，聲稱他明明就保護過我，只是我不知道而已。

我猜琳達不是唯一對我心懷怨恨的人，我感覺爸爸也是。他似乎對於自己在最後關頭和他無意相守的人生下一個小孩，生下一名懦弱的人類，而感到困擾，因此奠定了我們日後持續緊繃的關係。

小小的受傷遊行

我討厭在那間房子長大的時光。長大後，任何逼我不得不回家的事都會讓我的焦慮像野火蔓延，胸口熊熊燃燒。我試過用大石頭圍住它，像爸爸小木屋的火盆周圍圍起的石環一樣，結實堅固，不動如山。然而我的身體背叛了我，能量騷動，脈搏上升。我總是矯枉過正，拚盡全力炒熱氣氛，用力掩飾我的掩飾，腳步躁動不安，彷彿在離地三公分處起舞，如履薄冰。

童年家的氣味一進門就撲鼻而來，讓我反胃。我一邊脫鞋，一邊朝樓上大喊「嗨！」，內心卻只想轉身離開，不願逗留太久，免得質疑起這些感覺從何而來。

他們會一起開我玩笑。「屎痕」，便是琳達為我起的綽號。那時我們待在我爺爺的小木屋裡，建於一九八〇年代早期，就蓋在黑貂河（Sable River）河畔的一小塊空地上，深入森林將近一公里處。放眼望去，除了一間廁所，沒有其他的人造建築，也沒有自來水和電力，得用一個繫在黃色細繩上的鍍鋅桶子從井裡汲水，桶子撞上井底水面時會發出響亮的回音。

小木屋的旁邊挨著一窩河狸家族，牠們用泥巴和樹枝搭建的小屋令人嘆為觀止。曲折的老河蜿蜒穿過一片寬闊的草地，最後拉直成一段狹窄的河道。水流變急，一道道小急流從河狸家族築起的水壩間擠過。在森林中玩耍時，我偶爾會發現牠們咬斷黃樺樹的痕跡。

我曾親眼目睹河狸上岸，就只看過那一次。我和哥哥姐姐坐在「游泳石」上，看見河對岸有隻河狸爬到岸上。牠的身體比我想像得更高更厚，由兩條短腿支撐著，還有一雙帶蹼的寬腳，很像巴巴杜（Babadook）*的手。河狸的體重最高可達三十二公斤，身長可達一百二十公分，是北美最大的齧齒動物。牠的體型應該比當時的我還大。

我整個童年都在觀察牠們，牠們的身影在黃昏時出現，在河水中來去自如。牠們那巨大、強壯、平坦的尾巴拍打著水面，力道大到發出回聲，宣示著主權。我在河裡游泳，水

---

* 二〇一四年由澳洲導演珍妮佛·肯特（Jennifer Kent）編劇並執導的驚悚電影《鬼敲門》（*The Babadook*）中的怪物。

色深棕帶點黃，很像英式早餐茶的顏色……啪！我陷入慌張，連忙狗爬式游回岸邊，生怕我的腳會突然被咬斷。牠們強而有力的尖齒像咬樺樹一樣夾住我的大腿。牠們可以在五分鐘內咬斷一棵兩百四十公分高的樹。

爺爺的小木屋很小，只有兩層，所有東西都是木製的。廚房有一張鍍鉻桌腳小桌。木柴火爐立在小屋正中央，就放在廚房、小沙發和兩張面向窗外草地的椅子之間。我很常跪在沙發上，手肘抵在窗台，觀賞外頭草地上奔跑的鹿。有一次，在遙遠的地方……

「有熊！」丹尼斯和琳達從他們二樓房間外的小陽台上大喊。

我、史考特和艾希莉一起衝到玻璃前，看見牠就在那裡跑著、跳著，幾乎像是在跳舞。這幕揭示了我們才是可怕的那方。

大夥一起聚在客廳休息時，我的繼母會擺起臉色，挑剔我犯的錯，或揪住我的糗事不放，將它們甩在畫布上公開展示。有點像是後來我稍大一點時，她所製作並送給我們當禮物的那些抽象藝術。

琳達會喊起「屎痕」，然後其他人會笑，一起用這個綽號叫我，像霸凌一樣。這個綽號很明顯誕生自我內褲上的汙漬。我會抽離自己，保持沉默，任由事情發生。

我之所以對這個場景印象特別深刻，是因為我離開座位後，悄悄爬上了下拉式梯子。那些需要潤滑的鉸鏈發出的刺耳聲響，讓我更加無地自容，彷彿製造那麼多噪音都是我的錯。他們咯咯的笑聲縈繞在我耳邊，讓我的肩膀又往下垮了一點。

我在我的日式床墊上躺下。爬進睡袋，轉身面向斜屋頂和地板的交接處，閉上眼睛開始哭，哭得很輕，好不讓他們聽見。我從沒見過繼兄或繼姐遇上這種事──他們從未被全家人盯上，被我們所有人挑剔，他們從未因為羞恥而起身離開房間，不曾用小小的身軀展開一場小小的受傷遊行。

梯子發出沉悶的聲響和嘰嘎聲，爸爸朝我走來，坐在我旁邊的地板上，我畏縮了一下。他伸出手掌覆上我的脊椎，我感覺內心在撤退。

「我們只是在玩，」他低聲說，輕揉起我的背，「只是開玩笑而已。」

沒有道歉。一次都沒有。從來不曾停下來，不曾問過一句「你還好嗎？」

「我知道。」我掩飾著吸鼻子的聲音說，導致語氣聽起來像是在笑。

隨著年紀漸長，每當我感到痛苦、害怕，或出現任何有違平時「快樂」自我的負面或混亂情緒時，我都不願去找丹尼斯和琳達，而此舉本身就是一種表演。

我會把它壓下去。**只要屏住呼吸，它就會滲進胃裡，找個地方休息。**

直排輪意外

一九九〇年代後期，我喜歡在賽船角步道附近溜直排輪。

「溜直排輪最困難的部分是什麼？」

「等於告訴爸媽你是同性戀。」

喜歡這個笑話會很差勁嗎？

我會從車道左轉，沿著三角帆路溜。我用力向前蹬，方向與公園平行，烏鴉會在沿路嘎嘎嘎地為我演唱小曲，合音則由海鷗提供。停泊在一旁的船隻搖搖晃晃，鈴鐺像風鈴般叮叮作響。

我會經過右手邊的大爆炸紀念館，船錨一直在那，一直在等待。我會在船錨路轉彎，沿著左側的排屋街區繞回三角帆路。我很享受這種速度感，享受幻想中的戶外版個人遊戲：一名從敵人手下逃出的間諜、一個朝真愛奔去的男孩，或是在奧運會爭奪金牌。

三角帆路的前段很平穩，轉個彎後便進入下坡段。這段坡道夠刺激，但又不至於太可怕，所以我很喜歡從這裡俯衝下山。有一天，我突然失去平衡，也有可能是輪子被石頭卡到，一顆太小所以看不見、但又大到足以讓我飛出去的石頭。我無法讓自己轉彎或停下，結果全速撞上步道邊緣，兩隻腳呈相反方向摔在地上。拉扯、撕裂，痛到無以復加，痛楚從我的胯下往外擴散。當我張嘴，這輩子不曾聽過的一聲嘶吼湧上喉頭，撕開我的身體。來自洞穴般的、獸性的，聲帶下某處所發出的聲音。

我進入呆滯模式，身體扮演起忠心的護衛。試圖起身，卻做不到。這帶是個安靜的社區，路上一個人都沒有。我嘗試站起來，一股灼熱的痛楚射穿雙腿，讓我又跌了回去。我往家的方向爬，緩慢地匍匐前進，裸露的膝蓋磨在混凝地上。

我爬到家，奮力讓自己穿過車道，抵達大門。此刻只有琳達在家。恐懼在我肚子裡翻騰——我不想在這個時候需要她。

我掙扎脫下直排輪，我沉默、呆滯，內在一片空白。我像蝸牛一樣爬上樓梯，不想被人撞見或聽見，到了二樓後，又急轉彎往三樓前進。琳達在廚房做菜。我沒出聲，她也是。等我終於回到房間關上門，才發現我的褲子溼了，褲襠完全溼透。我褪下褲子，發現我的內褲被染成紅色，棉質布料浸滿了血。我驚慌失措，顫抖的雙手小心翼翼脫下褲子和內褲，血跡斑斑的內褲在大腿刷下血痕。原本白色的內褲如今已變成了深紅色。

我呼吸急促，只能勉強做到吸氣與吐氣。我移動到浴室擦拭自己，擱下深紅色的內褲，下樓去廚房。

「琳達？」

停頓了一下。

「嗯哼？」她又擺出那種一貫的惡意語氣。我的精神已經出走，我的嘴處於自動駕駛狀態。「我滑直排輪的時候摔倒了，內褲上有血。」我簡單交代。

她聳了下肩。我的喉嚨僵住，害怕被訓斥，擠不出更多的話。我彷彿被催了眠般，又回到樓上。盯著證據，我知道這事非同小可，所以拿著內褲回去給她看。她站在廚房的中島和烤箱中間。我用兩隻手拎起內褲。至今，我仍然記得她看見內褲時的表情，她瞪大了雙眼，因為眼前孩子的內褲浸血這等怪象而無法控制自己的反應。

她立刻動起來，伸手抓起電話打給我爸，謝天謝地，他已經在回家的路上。我們擠上車，前往附近的一家診所。我在後座看著他們慌張地竊竊私語，時不時回頭瞥我幾眼，又轉頭回去看路。

一位棕色長髮的醫生親切地問候我，動作迅速但沉穩。我已經滑進半夢半醒的狀態，意識徘徊、分離，感覺很暈。診間只有我和醫生，我躺在診療台上，上半身被遮住，下半身裸露在外。她戴著手套的手一邊動作一邊和我對話，仔細告訴我她下一步要做什麼。我抬頭看看天花板上的燈，又看向她，視線有些模糊，眼睛還在調適。她將手指伸進我的陰道，我咬緊下巴緊張起來，暫時停止呼吸。她仔細解釋我的狀況，但我只聽進去「什麼撕裂了」這幾個字，接著才心一涼、意會過來，那個「什麼」是指我的裡面。幸運的是，撕裂處剛好還在能用可溶解膠布修復的範圍內，不必縫合。她把傷口處理完畢，我迷迷糊糊地回到丹尼斯和琳達身邊。

多年以後，我之所以會擔心我的陰道出了問題，大概也和這場意外有關。這個念頭在我十六歲時第一次浮現，那時我正在和一個名叫肯尼斯的可愛男孩約會。我們是在哈利法克斯的伊麗莎白女王高中十年級時認識的。

肯尼斯會彈吉他，有在玩樂團。他們的樂團會去戶外廣場演出，那是一座公開的音樂演出場地，會舉辦各種老少咸宜的表演，多半是龐克音樂會。觀眾會在底下玩「衝撞」，是一池滿溢著青春期荷爾蒙的所在。他家離學校走路大概要十五分鐘。他會和團員在地下室練團，他的兄弟史凱勒是鼓手。他們的音樂對我來說太吵，但為了偷偷裝酷，我假裝沒這回事。

肯尼斯很細心、敏感又可愛。他長相獨特，有著突出的顴骨和一雙電眼，頭髮是深棕色，很柔軟。我大部分的時間都待在他家。我很喜歡他的媽媽，她不常在家，就算她在，也不會干涉我們。她很溫暖，跟我們講話時會把我們每個人當成大人，而不只是青少年。

大人總是輕易忘記小孩也是完整的個體。

我們會在樓上親熱。我沒有很享受，但也不是很介意。接吻，嗯；穿著衣服互相磨蹭，還行。我會假裝高潮，但這不代表肯尼斯當時床技不好，也不代表他往後不會進步，如今的我仍然深信他一定會是個無私又寬厚的情人。當時，每次我們想做愛時，他的陰莖怎樣就是進不去，所謂的「淫」不曾發生。我們總是試了又停、試了又停、試了又停，然後我們就不再試了。我很慶幸我遇到的是這麼暖的人，否則事情的發展很可能不是這樣。

我曾經認為那次的直排輪意外讓我的陰道留下問題，導致我的身體拒絕被進入。那時，身邊每個人都在聊「做」、「搞上」、「處女」和「高潮」，而我滿腹狐疑。難道大家也都在假裝嗎？

我不和男生上床，同時壓抑一段段真心的暗戀。我的大腦無法理解，我就是壓根沒興趣，我就是不想逼自己去做，而這種感受和反應再正常不過。

第一次踏進婦科醫生辦公室，訴說了自己的狀況後，醫生認為最好幫我安排人生首次婦科檢查，也一併做個子宮頸癌抹片。她旁邊跟著一位實習醫師，一路觀察並學習整個過程。抬腿，張開，冷冰冰的金屬擴陰器將我撐開，分開了陰道內側。下面傳來的感覺在我身上竄出一陣火花，從骨盆上升到腹部，交織了興奮及恐懼。不是疼痛，只是在一副不習慣的皮囊上加了一層新的不適感。她在那地方挖來挖去，那種新奇的感覺讓我局促不安，扭動然後僵住，扭動然後僵住。

醫生向我保證，我的陰道沒有任何問題，一切正常。當時這個回覆令人沮喪——這下我沒藉口了。我坐起來，遮住我的陰道，心裡想著，假設我接下來「做」得夠多，也許就能說服自己享受其中？

我的婦科初體驗即將結束時，那位實習醫生看向我。

「我很喜歡你在《網交陷阱》的表現。」她說。

我努力從尷尬中擠出微笑，向她道謝並告別，然後離開。

12 在電影圈弄丟自己

二〇〇八年，我因為《鴻孕當頭》首次出席奧斯卡金像獎頒獎典禮時，感覺到「就快了」。不是就快要得獎，而是就快要結束這長達數月的宣傳期了。無數個待參加的派對、微笑著接受訪問、調整我的肢體語言和聲音、乖乖扮演我被指定的角色。我希望這一切盡快終結，而且不只是宣傳期而已，是整個演戲生涯。

頒獎季結束後，我原本應該要去英國拍一部電影。那部電影改編自一本很有名的書，而我被選定擔綱主角，一個極為搶手的角色。每次提到這個案子，我的演藝代理就會興奮地說起這是多麼好的機會，和我分享最新消息和新的選角規劃。我會想像自己穿上十九世紀中期淑女服飾的樣子，連身裙、鞋子、髮型在我眼前閃過。經歷了頒獎季不得已的偽裝後，這一切令人難以忍受。我知道，假如我真的出演，我會想要自殺。

要讓演藝代理了解我因為服裝問題而無法接演，絕非易事。對方會皺起臉、歪著頭說：「但你不是演員嗎？」為電影試裝已經讓我受盡折磨，器官像被利爪割破。還得為了平面攝影和首映會試裝……我會一蹶不振，會被吸入深深的憂鬱之中，焦慮排山倒海襲來。接演所伴隨的苦痛無法用言語形容，而我所能傳達的實在太微不足道，反而只會讓對方的情緒操縱變本加厲，讓對方搬出那副語氣。是憐憫嗎？

衣服緊緊吸住我的大腿、我的胸部，像是一九九〇年代瞬間圈住你手腕的那些拍拍尺手環。人們看見我做女性化打扮時那眼睛一亮的樣子，每每讓我覺得不自在，彷彿我達成了某件奇蹟似的壯舉。我永遠無法忘記我為了《X戰警：最後戰役》（*X-Men 3*）出席坎城影展首映會時，眾人見我披上一襲緊身金色禮服而欣喜的面孔。

「但你明明就很美。」

「配合一下就好。」

我在私生活中扮演的那個人已經令我窒息，在大銀幕上還要繼續假扮另一個角色，實在負荷不過來。因為害怕被封殺，我逼自己驅散關於真我的念頭，但處境依舊絕望，坐困在悲慘的偽裝之中。一個空洞的、沒有目標的殼。而且，我一如往常地發洩在自己身上，對進食斤斤計較，用拳頭揍自己的頭，彷彿用力敲擊頭蓋骨，就能將那股糾纏我的無形力量擊退。

最後，我辭演了那部電影。

衣櫃裡深藏的祕密

我轉而抓住了茱兒·芭莉摩（Drew Barrymore）首度執導的作品，《飆速青春》（*Whip It*）中的布麗絲·卡文達一角，這部片講述了一位德州小鎮十七歲女孩愛上競速滑輪的故事。達不到媽媽的期望（媽媽由演技精湛的瑪西·蓋·哈登〔Marcia Gay Harden〕飾演），童年又被迫在選美比賽中度過，布麗絲一心渴望逃離，於是隱瞞父母加入競速滑輪隊。滑輪的世界接納了她，支持「冷酷妹」（她在隊中的別名）做自己，鼓勵她做自己的英雄，一如片中由最棒的克莉絲汀·薇格（Kristen Wiig）飾演的瑪姬·梅漢所建議的那般。

我對布麗絲的故事很有共鳴，而且身為尚未出櫃的同性戀，有機會學習競速滑輪這件事的誘惑，壓過了我對光鮮亮麗好萊塢的厭惡。遠離鏡頭和化妝室拖車幾個月，學習一項充滿活力的新運動，成了我的救命繩索。我過去一直是名運動員，但那股力量流失了許多。我想把它重新找回來，找回生命中錯失的體能。

學習競速滑輪可不是開玩笑的。我的教練是「滑輪大帝」——著名的全美公共廣播電台主持人艾莉克絲·柯恩（Alex Cohen）——她很熱情，很會激勵學生，但也非常嚴格。我們使用洛杉磯「德比娃娃」隊的舊場地練習，那是一座砌著白磚外牆的巨大老工廠，摔倒時的聲音會響徹整個洞穴般的空間。身為一個在加拿大長大的小孩，該溜的冰我一次也沒少，希望這些經歷加上溜直排輪的那些歲月能有所幫助。後來，也確實派上用場，至少在大多數的情況下。競速滑輪的賽道是斜的，起初就連進出賽道都是個大挑戰。一想到我們要在賽道上高速飛馳、轉圈、來回滑行，同時伴隨著側身撞擊、絆倒、撞倒在地，我就興致勃勃，迫不及待迎接一切。

那時我還在和寶拉交往，一想到要分開那麼久就很痛苦。接下來的春天，我都將在學習競速滑輪中度過，接著要飛去密西根，在那裡拍攝一整個夏天。寶拉住在新斯科細亞，沒辦法說走就走，大老遠飛去那麼遠的地方找我。我在洛杉磯的工作會很忙，每週有五天要和體能教練一起訓練，三天要和滑輪大帝一起，不太可能快閃回家一趟。為了短暫碰面而大費周章旅行，似乎也只會加重我的寂寞、壓力和悲傷。

洛杉磯對當時的我而言仍十分陌生，我感覺自己好像被永遠困在這裡。《鴻孕當頭》頒獎季那幾個月所嘗盡的孤獨感依舊困擾著我，一絲絲感受都會引起恐慌。我從一個渴望獨處的人，搖身變成了害怕孤獨的人。好丟臉。我已經努力了這麼久，好不容易來到這裡，卻缺陷重重，沒辦法正常運作。

我和寶拉決定，在我待在洛杉磯訓練的期間，她會搬來跟我一起住。當時我們已經交往一年，在哈利法克斯也是同居，不想再重新經歷遠距離的挑戰。她可以擔任我的助理，這樣就不會沒有收入，白天開車載我去訓練，結束後再接我回家。她將在這裡待到夏天結束，再回去新斯科細亞。當時我們養了一隻名叫帕蒂的狗，一隻棕白相間的吉娃娃，我在訓練的時候，寶拉會拖著不太情願的牠出去散步。帕蒂對外面的世界不感興趣，除了我與寶拉，其他人牠都不屑一顧。牠只喜歡永遠窩在我們大腿上，對任何接近牠的人咆哮。我們很愛牠，但牠顯然有著不為人知的過往。讓寶拉當我的助理後，我們便能自在行動，沒有人會發現。

我們可以祕密交往。一切都會沒事的。我努力說服自己。

我們住在稍微靠近好萊塢北部，一〇一號公路附近山上一棟可笑的房子裡，和我們兩個至今住過的房子相差甚鉅。那是一棟造價高但無用的建築，四處充滿前衛的設計，大膽而現代，有著閃亮的外觀，就像會出現在《家居》（*Dwell*）雜誌上的一幅跨頁，也像是部講述一對恩愛夫妻移居好萊塢的電影，場景無懈可擊，只待好戲上演。

我白天在滑輪賽道上飛馳，回家後卻陷入困境，怎樣也提不起勁。就連讀書也不行，一段都讀不進去。過去心儀的事物沒有一樣能讓我燃起興趣。我會假裝，但實情是，我的內心一片死寂。我對一夕成名、不斷被路人認出感到手足無措。恨極了。人們會靠過來，興高采烈地想和朱諾打招呼，而我卻只想躲進洞裡死不出來。狗仔會守在獸醫診所外面，等我們帶著重病的帕蒂離開。他們會跟著我們進全食超市（Whole Foods Market）。有一次，一位開著白色本田汽車的女士整天都尾隨偷拍。這些事老是觸發我內心揮之不去的焦慮，他們是不是看出我們在交往？我總是抗拒出門，而寶拉被迫和我困在一起，她在洛杉磯一個人也不認識。

寶拉對於我活得如此封閉感到又氣又怨。我們經常吵架，我忍不住拿她沒有向家人出櫃一事來反擊。我憤憤不平，不覺得都是我一個人的錯。至少我有在努力推進一切，試圖找出辦法讓我們在一起。

在新斯科細亞的時候，儘管我們一起住在一套只有一間臥室的公寓裡，她的父母也不覺得我們是一對。況且，我和她父母也不是說很少來往，相反地，我總是往她家跑。她父母有副好心腸，然而，也十分敵視同性戀。他們信奉宗教，所以觀念很難一夕扭轉，尤其當事情牽扯到《聖經》的時候。嗯，是的，我媽是知道，但她依舊很失望，而那種傷感如出一轍，都來自同一道神聖的指示。不過，後來我媽的態度便慢慢轉變，**過去的想法開始消解，為新的觀念騰出空間**。我以同志身分出櫃後，寶拉給父母看了我在人權戰線論壇的演說。她爸起身離開房間，她媽則看著她問：「你知道艾倫是同性戀嗎？」

在洛杉磯，到底是誰把誰藏了起來，成了我們最常爭論的話題。但事實是，寶拉所遭遇的狀況更糟。我不願意承認，一心盼望事情能迎刃而解。家庭問題儘管令人受傷，某種程度上還不算全盤失控，但好萊塢這場遊戲就不一樣了，不停改寫的複雜規則令人迷惘。而我也變了。我來到這裡後就變了個人，但寶拉沒有。我被教導要學會說謊、學會隱藏。

我看見順性別異性戀男演員扮演同志和跨性別者並受到尊崇，內心感到錯愕，他們獲得提名、奪下獎項，人們感嘆：「你真勇敢！」

「私生活要盡量保持低調——我對所有客戶都這樣說。」經紀人時常對我耳提面命，不過她口中的那些客戶，卻會牽著配偶一起走紅毯，或在採訪中公開表示自己是異性戀。手勾手走在街上被狗仔拍到很正常，大家甚至會鼓勵這麼做，好換取一些曝光。我總是背負著要打扮得更女性化的壓力——參加活動要穿洋裝，搭配高跟鞋，脫掉帽子，這是經紀人幫我打造演藝事業的方式。在她心裡，她這是在關心我，指導我蛻變為小圈圈的一分子，確保所有機會仍然為我敞開。**我在過程中迷失，無法全然進入這個角色，同時也弄丟了自己。受困詭譎的過渡之境。**

好萊塢很懂得如何利用酷兒。必要的時候藏起來，有甜頭的時候取用，順道拍拍酷兒們的背。好萊塢不會身先士卒，它習慣回應與跟隨，慢慢地，遠遠地。衣櫃的深度之深，埋藏的祕密之廣，對後果無動於衷。我因為身為酷兒而被處罰，卻眼睜睜看著其他人被保護、被讚揚，看他們在大庭廣眾之下得意洋洋地虐待他人。

「扭曲的體制讓這些殘酷的行為變得正常又普遍，同時，也令想要更正及扭轉的欲望顯得不合時宜。」美國作家莎拉・舒爾曼（Sarah Schulman）在她經典的必讀之作《綑綁的扭帶》（*Ties That Bind*）中寫道。

抓住那條救命繩索

我和寶拉的關係陷入交戰，我再也無計可施。

我一邊躲在櫃中，一邊學著競速滑輪，兩者之間錯綜複雜的淵源讓狀況顯得特別諷刺。不過，這項讓我全心投入學習的新技能，仍為我當時的生活打開了一扇亟需的喜悅之窗。

電影前期準備的空檔，導演茱兒也會一起學習競速滑輪，我們共度了一段歡樂的時光。越來越多人加入劇組，包含當紅炸子雞柔伊・貝爾（Zoë Bell），感覺她只花了五分鐘就摸透了競速滑輪的訣竅。她無所畏懼，渾身是勁，總是煥發著歡樂又慷慨的能量。我們在賽道上奔馳、比賽、碰撞、大笑、跌倒並站起。說實話，都是拜摔倒之賜，我們的不安才漸漸緩解。當你四腳朝天摔過幾次之後，就會發現，摔倒其實也沒什麼大不了，軟墊很有用，你可以的。

茱莉葉・路易絲（Juliette Lewis）決定出演，伊芙（Eve）和克莉絲汀・薇格不久後也跟進。每個人都盡心盡力，所有人都付出了同等的專注和支持。同時學習一件新的事物，尤其是滑輪這項挑戰性十足的任務，幫助我們迅速團結，創造出明確的默契，就算透過鏡頭也能清楚感受。多麼了不起的團隊啊。我非常慶幸擁有那段時光。

等我們溜得稍微有點樣子後，真正的滑輪選手便一起投入練習，增加更多的肢體碰撞，好讓我們感受一下實際交鋒的感覺。和選手們爭鬥是很駭人的體驗。活生生的明星球員第一次上場和我們一起練習時，我緊著鞋帶的雙手都在發抖。光是要在賽道上好好前進已經夠難了，如今場上竟多了好幾名塊頭是我兩倍大的女人，她們架起臀部，朝我來勢洶洶。我祈禱頭盔和護齒套足以掩飾我的驚恐。沒有時間思考，我們急轉彎、衝撞，緊張的情緒逐漸消散，興奮感占據上風。和她們一起練習讓我突飛猛進。

當你願意把自己全然交給雙腳，不再盯著腳下，把頭抬高的那刻起，便是暢行無阻的時候。大腦將指揮權下放給直覺。大夥能並肩作戰、克服恐懼，並一同見證努力後的成果，以及油然而生的革命情感，是多麼難能可貴的機會——這對當時的我來說很陌生。然而，儘管有這種親密和信任做為基礎，也還得再過一段時日，我才終於願意透露寶拉不僅僅是我的朋友和助理。不過，我不說，並不代表她們看不出來。

夏天到來，劇組移師密西根，正式開始拍攝。故事背景是德州，但主要都是在底特律、安娜堡、伊普西蘭蒂和德國村拍的，只有一兩天的拍攝場景是在德州奧斯汀。

更多演員加入，訓練也持續進行。每天的行程會以瑜珈或健美體操拉開序幕，兩者交錯進行。課程氛圍親密，所有人都全力以赴，歡笑、疲憊與樂趣交織。不過，我也確實感受到一種根本上的格格不入，也許這讓我想起了高中那段踢足球的日子？不僅在身體上不吻合，能量上也有所差異。儘管環境始終主動接納我，我還是在邊界游移，無法全然融入其中。

當我們踩著溜冰鞋拍攝了一整天，因為疲倦而暈頭轉向時，我和克莉斯汀會抓緊拍片空檔，發想一齣我們自發創作的音樂劇，劇名叫《未知怪獸》（*The Unidentified Beast*）。我們的靈感來自一篇網路上讀到的文章，是關於一頭被海水沖上紐約蒙托克（Montauk）岸邊的不明生物，那頭生物被稱為「未知怪獸」。我們會在溜冰時擺出誇張的姿勢，用情感編舞，讓怪獸降臨。我們會一邊兜著場地繞，一邊即興亂唱，因疲憊而產生幻覺。我們最常使用的招牌台詞直白得很：「未知怪~~~~獸~~~~~！」我們會高舉雙手，放聲地唱。怎樣都不厭倦。至少對我們來說啦，或許周圍其他的演員和工作人員會有不同的看法。

我們並未時時保持聯繫，但是在某些關鍵時刻，當我亟需陪伴時，克莉斯汀一直都在。她照亮了一切。在所有洛杉磯夥伴中，最初讓我開口坦承自己慘況的人，就是克莉絲汀，還有飾演布麗絲摯友派許的艾莉亞．夏科特（Alia Shawkat）。一切來得突然，那些話語就這樣脫口而出。當時，我和她們在茱兒洛杉磯家的派對上相聚，而那已經是電影殺青的好幾個月之後了。

大家站著閒聊。她們興奮地交談，我置身其中，悵然若失，無法融入。那時我正處於一段幾乎足不出戶的時期，即便待在家，也無法正常生活。我會賴在沙發上，電視開著，但沒在看。我會執著於控制飲食。我不敢傳訊息約朋友出去，彷彿我的存在是沒完沒了的重擔。我緩緩下沉，宛如進入慢動作模式，彷彿置身於惡夢之中，想尖叫卻發不出聲音。張大嘴，掰開脣，想叫出聲，再試一次……一片寂靜。於是繼續墜往深處。

我看著眼前這兩位美好的友人。艾莉亞試鏡時，我在鏡頭外幫忙對台詞，那次是我們第一次見面。我每一集《發展受阻》都看了，早就是她的大粉絲，但實際見到本人時依然深受震撼。她為人真摯，勇於冒險，天生富有喜感，一切看起來是那麼的自然。我們一拍即合，很快便自在地打鬧。艾莉亞成了我私下要好的朋友之一。

「我最近很慘。」這句話彷彿出自別人之口，出自身後另一名剛到的客人。

「怎麼了？」她們說，注意力轉到我身上。

我的事就這樣傾洩而出。我很痛苦，櫃裡太過壓迫，感情岌岌可危，出不了門。我曾經認為出櫃是痴心妄想，想都不敢想自己有一天能走到寫書此刻的狀態。若類似的可能性被提出，我一概一笑置之，認定這些全是天方夜譚。

至今，我仍無法精準判定為什麼感覺會在那一刻湧現。我知道自己信任她們，感受得到她們的關心與保護，相信她們永遠不會任意評斷我。在克莉絲汀和艾莉亞身邊，我能做自己，或者至少能一起朝那方向努力。**她們支持真實的我，幫我清除遮在身上的荒謬偽裝，希望我自由**。但儘管人們很想幫忙，還是得花很長的時間才能做到。虛假的結束，虛假的開始，我欺騙自己，合理化壓抑與自虐。說謊就能得到獎賞，坦白祕密則會受到懲罰。

「你可以選擇離開，也能留下。但這就是我的現實，我的人生，我永遠沒辦法出櫃。除此之外我不知道還能對你說什麼。」我對寶拉說。那時，我們人在漢考克公園的一室公寓裡，是我正式搬去洛杉磯後的第一個住所。

當時的我對此深信不疑。幾年後，想法也依然不變。焦慮未曾停止。體重一直掉，恐慌症讓我出不了門，許多日子的狀態糟到無法開車。動力低落的程度已成警訊，什麼都不要的渴望太過龐大。為我找來第一位真正諮商師的人，是我的經紀人，她的引介救了我一命。

「**我們得讓你有能力為自己出櫃**。」新的心理諮商師對當時二十三歲的我說。

「不可能。」我回答，沒有半點猶豫，從嘴邊脫口而出，彷彿和我的酷兒傾向一樣天經地義。

話題繞到性別上時，我說不出話，只能一個勁地哭。這個話題太燙，無法伸手去碰。一直要到整整十年後，直到我能好好坐下、聆聽自己的聲音，直到我被逼入絕境、別無選擇時，我才終於好好面對。那是最後一道岔路口。

13 一切就此展開的時刻

《飆速青春》的拍攝逐漸進入尾聲，一想到現狀的泡泡即將被戳破，得和寶拉一起回去洛杉磯，我就心事重重。我想要離好萊塢越遠越好。

隨著我在好萊塢的工作越來越穩定，更常得為了工作環遊世界、下榻豪華酒店、把毛巾丟進浴缸待洗，我便一直很擔心地球生態，也很在意人類所造成的災難性影響。

我上網搜尋，想找找有沒有地方能讓我學習更永續的生活方式，想知道人類該如何與大自然同步、共存。有一次，我偶然發現了一個名叫「失落谷」的地方，就在奧勒岡州尤金市（Eugene）外圍。這是他們的官網描述：失落谷是一處學習的空間，教導年輕人與成年人如何在生活中應用永續的生存技能。我們採取全方位的環境永續教育，邀請學生一同創造生態、社會及個人層面的成長。

仔細研究各項課程後，我選擇了「樸門永續設計（Permaculture）證書課程」。寶拉也打算一起參加。我們將會待在一個理念團體中學習，並一起生活一個月，遠離電影圈的一切，我想穿什麼都行。

動身前往奧勒岡前一週，寶拉決定不去了，她不想離開一個月那麼久。她決定回家，回到哈利法克斯的懷抱對她來說很棒，有一種舒適、踏實又熟悉的感覺。這陣子她跟著我東奔西跑了太久，隨波逐流，沒有一點自己的能動性，失去了一種她渴望重新擁有的節奏。

這下我得自己去失落谷了，一想到沒有她的陪伴，內心便充滿惶恐。我將孤伶一人踏進身旁都是陌生人的環境。獨自奔赴未知的情境已經夠難了，再加上我接著意識到，自己將面臨一群我與他們素昧平生，對方卻知道我是誰的人，額外增添了一層焦慮與不適，我懷疑自己是否有辦法調適。失落谷、課程、那個空間本身，以及一段抽離現有生活方式的時光，都是我所渴望的。我很想克服自己那又小又愚蠢的恐懼，去就對了。

「我會不斷安慰自己，鑰匙就在我的口袋，一直都在，」茱兒解釋，「**一旦我不太確定，一旦我猶豫或害怕，就會提醒自己鑰匙就在口袋，提醒自己隨時能夠離開。你隨時都可以離開。**」

這個方法很簡單，可我不曾想過。直至今日，我還是會這樣對自己喊話，也依然管用。

走進失落谷，全新的冒險

我飛抵波特蘭，在那裡轉機，繼續飛往尤金市。我在預計前往失落谷的前一天抵達，所以在一間汽車旅館訂了房。順利抵達稍微減緩了我的緊張，但壓力很快便悄悄鑽入，即便此刻隻身一人，我的社交焦慮也不斷攀升。我重重倒在床上，手肘擦過鋪在最上層的毛毯。我抓起電視遙控器，翻身打開電視，竟然剛好在播《E.T. 外星人》（*E.T.*）。我露齒一笑，幾乎想眨個眼以示回應，謝啦。我愛死共時性了，無論共時性究竟代表什麼，我都能發現它的蹤跡，然後順應其中。

《E.T. 外星人》是我人生數一數二熱愛的電影，我甚至在手臂上刺了「EP PHONE HOME」*。我平均每年會重看一次，每次都哭到脫窗。當我還小、還是個男孩的時候，畢生夢想就是成為主角艾略特。公開跨性身分後的第一個萬聖節，我套上紅色帽T，換上一雙我本來就有、而且剛好跟電影裡那雙很像的球鞋。我裝扮成艾略特，和幾個朋友走上

---

* 作者將電影中的經典台詞「E.T. PHONE HOME」改寫成自己的姓名縮寫「EP」。

曼哈頓街頭，那是我度過最棒的萬聖節。**原來美夢真能成真**。

隔天早上，我在汽車旅館醒來，空氣潮溼，霧氣靜靜繚繞。我讓自己沉浸其中，悉數接納。我的行李不多，體驗過背著背包遊東歐一個月後，我已經學會如何精簡行李。計程車抵達，我把行李扔進後座，上了車。

這是我第一次來奧勒岡。沿著公路驅車前行，我一路凝視窗外。看了《E.T. 外星人》後，我的緊張感幸運地消退許多。途中經過了好幾間教堂、加油站、灌溉設施和修車行，鄉下獨有的美感瞬間將我拉回家鄉，想起新斯科細亞。司機右轉離開公路，駛上響尾蛇路（Rattlesnake Road），車子繼續往下開，開進一個被森林吞沒的新世界，左拐右彎，穿梭其中。樹木，無盡的樹木，小溪潺潺，分流交匯。司機再次右轉，開上失落谷巷（Lost Valley Lane）。他放我在入口處下車，我道謝並說了再見。

那裡的人用大大的微笑和溫暖的眼神歡迎我，領我到接下來住的地方，是一棟過去曾經舉辦男孩夏令營並充當寢室的建築。一張張木頭床鋪排開，中間以薄牆區隔，牆高未及天花板。下鋪旁邊有張床頭桌，房間沒有門，改以窗簾布遮擋。我打開行李整頓了一下，將手機關機，丟到一旁。洗手間是共用的，我們不使用馬桶小便，只有大便時會用。小便要尿在馬桶旁邊的一個桶子裡，為了減少氣味，桶裡會放滿木屑（一種碳源）。等氣味再也遮掩不住、飄散開來時，我們會把桶子抬去大型堆肥場倒掉。尿液是絕佳的氮源。糞便當然也可以成為堆肥，只是步驟稍微複雜一點，需要更多的準備。

那一整天，修課的學生陸續抵達，我們互相自我介紹、認識彼此。從奧勒岡到馬來西亞，從南韓到印第安納州，再到新斯科細亞，大家來自四面八方，總共有十來位學生。失落谷本身也是一座常駐的公社，當時住著十幾位居民。我之前從來沒有去過「生態村」，但眼前所見大致符合我對它的想像。園子茂密，植物捲曲、延伸、相互交錯，生物多樣性高，與外面那種單一作物經濟模式大相逕庭。如此窄小的一塊空間，所能生產的食物種類，豐盛程度超出了我的想像。不同植物間相互合作，彼此照顧。雞在雞舍裡奔跑，啄食我們丟進去的堆肥，咀嚼、挖掘、搔抓、排泄，直到我們將雞舍移至幾碼外的新地點，在原址留下新鮮而肥沃的土壤，循環再造大功告成。

失落谷的食物主要來自公社或鄰近的土地，新鮮、色澤佳、香氣濃，彷彿置身哈利法克斯的農夫市集，那些蔬菜是我吃過最好吃的蔬菜。只需咬一口日本南瓜，雙眼便會不由自主閉上，說不出話。再配上從院子摘採、製成、用叉子壓碎的烤象蒜，令人食指大動……大地的香甜在我嘴裡融化，盈滿整個口腔。我耐心品嘗，被食物撫慰。三十公尺外的收成，化為各層面的滋養。吃下那些食物時，我能聽見身上每個細胞都在大喊謝謝。

第一頓晚餐開動前（以及之後的每一頓午餐和晚餐前），我們所有人面向餐點、圍成一圈，手牽著手，閉上眼睛，集體花一點時間表達我們的感謝、對彼此的欣賞、對土地的感激，感謝我們多麼有幸坐下來享用植物、穀物和水，讓它們賦予我們生命。這是個用來呼吸、連結、紮根並反思的時刻。聽起來可能令人想翻白眼，但我真的很喜歡。跟飯前祈禱很像，又有所不同。我告訴自己，我會堅持這項儀式，可惜的是，當我們重新被扔回社會中，這類型的頓悟總是輕易就拋諸腦後。

我感到很自在。這裡的人似乎沒把《鴻孕當頭》放在心上。就算真的有，我想，他們也會因為我的職業而失去好感，進而對我不感興趣。好萊塢和永續設計幾乎可說是道不同不相為謀。不過，第一天晚餐後，當大夥聚在一起聊天，彼此變得更熟悉時，有人放起了音樂。音響中流洩出爛桃子樂團的〈只有你〉（Anyone Else but You），是《鴻孕當頭》的片尾曲。我感到一陣難堪，不由自主地閉上眼。我是多麼渴望甩掉它，渴望擺脫那段時光，從人們的目光中掙脫，但或許，打破僵局也是必要的。我們短暫聊了一下那部片，然後聊演戲，這部分聊得稍長一點，接著就沒了，我可以簡單做我自己就好，不論「做自己」在那個當下意味著什麼。

班上充滿了溫暖、熱情、樂於助人的夥伴，都是些關心地球、也關心人類集體未來的人。過去，每當我在洛杉磯的朋友圈提起相關議題時，多半不被重視，也沒人會讀我買來送他們的書。當我談起資源過度開發和氣候危機，擔心危機是如此迫在眉睫、如何率先影響到最脆弱的人、會造成何種難以想像的後果，擔心社會即將崩塌，擔心我們在其中扮演的角色時，他們總是嘻嘻哈哈，用「你也太誇張了」的方式笑我。

「我覺得你反應過度了」是很常見的回覆之一。

「文青女同志不意外。」另一位朋友說。

這些反應讓我很挫折，覺得自己被忽視，也對朋友的漠不關心和缺乏同理心感到很氣餒。**豪奢帶來自大，自大仰賴無知。但我自以為是的正義和準則，也只不過是為了減緩自己的罪惡感，反省自己在洛杉磯時不必要的消費生活罷了。**

來到失落谷，沐浴在如此深刻的交流中，沉浸於共同的目標、獲取知識、學習謙卑，一切都令人備感振奮。我很幸運能擁有這段時光，大多數的人沒有餘裕能從工作中抽身一個月來奧勒岡參加課程。

每天，我都伴著日光醒來。公雞拉著嗓子鳴響晨鐘，鳥兒與昆蟲的合奏讓我從朦朧中緩緩甦醒。我睡下鋪，上鋪沒人。通常，我都是頭幾位起床的人之一。換好衣服後，我會躡手躡腳移動至洗手間，蹲在桶上小便，有時喝完咖啡後會使用馬桶。接著洗手洗臉，沒有鏡子可以照，連帶也省去了照鏡子的不快。早餐是唯一不必在開動前圍坐的一餐，用意是讓每個人慢慢起床，尊重需要安寧的人。我總喜歡找個地方躲起來，也許是窩去小圖書館，帶著燕麥粥和一顆蘋果獨處片刻，在喧囂前享受寧靜時光。

一天的行程通常從教室展開。課程內容包羅萬象，從汙水系統、水源收集到花園設計，堆肥到藥用酊劑，發酵到建造土團屋等，龐大的資訊量令人難以招架，反過來說，也讓我對自己無知的程度感到無地自容。自責的念頭找上我，這些不是理當具備的知識嗎？然而，我的大腦已經定型並植入一套系統，這套系統讓我們自己生病，也讓地球生病。

實情是，過去的我因為植入系統而受益，但此刻，學習這些新知讓我感覺像是在放棄體制的加持。過去，我為了擠進那套體制而投注大把時間，不顧身體百般抗拒。此刻，能夠遠離那個我，遠離那個圍繞我的世界，令我心生踏實、燃起希望。

沒有匱乏情結，也沒有對於線性成長的妄想，而是一種真正在觀察世界、關心世界，並與世界連結的生活方式。此處是個超越小我的夢想空間，這裡所傳授的理念，平心而論，跟我們小學時就學過的東西並無二致——要善良、要合作、要關心地球、要分享——都是些和資本主義系統合不來的觀念，一些我們被迫忘卻的觀念。

課程概述了樸門永續設計的幾大原則。「permaculture」一詞誕生於一九七〇年代，是「permanent」（永久的）和「agriculture」（農業）二字的結合。其核心宗旨來自於原住民的技術與智慧，和大自然培養一套再生且互惠的關係。樸門永續設計展示了我們跟土地和地球自然循環的交互關係，也描繪了我們如何能與之合作共存。

說到底，其實就是放慢腳步、觀察、傾聽、見證正在發生的事。讓環境景觀教你該做什麼，做出有意義的決策或調整，而非強加自己的想法或期待。深呼吸，找出共識，大自然需要時間，成長也是。如果我們能正視自身行為所造成的影響，也許就能基於這些觀察做出更好的決策。與循環攜手合作，而非逆勢而行。樸門永續設計是關於循環再造，用零廢棄的方式收獲成果。我們的行動反映了地球的行動，身為人類，我們每個人該如何利用能量、儲存能量？如何才能盡到最大的保護責任，盡可能地擁抱它、分享它？讓循環生生不息？

友情帶來的解脫

第三天，最後一位遲到的學生來了。他曾在這期課程開始前，在失落谷待了一個月左右。我感覺得到，眾人對他的回歸相當欣喜。他最初是和一群簡稱「WWOOFers」的志工一起來的，也就是世界有機農場機會組織（Worldwide Opportunities on Organic Farms），那是一個創於一九七一年的民間組織，旨在媒合一般民眾去農場當志工。他們一行人搭乘生質柴油校車，大老遠從紐約穿越整個美國來到這裡。後來，他和其他的 WWOOFers 志工一起離開失落谷，去波特蘭待了一陣子，最後卻選擇告別，南下回來參加樸門永續設計課程。

我在我們之間感受到一條無形的羈絆，看到他時有種一見鍾情的感覺。伊恩個子小，但存在感強烈，有著熱情奔放的魅力和帶有深意的眼神。他戴著一頂毛線帽，底下藏著一個髻，將他茂密的紅色長髮束成一把，髮絲不受拘束地披在他背上，一路延伸到臀部。他說話時手勢豐富，動作獨特又狂野，舉手投足滿是風采。他的談吐機智、犀利又辛辣，讓我笑個不停。我受他吸引，似乎已經有了某種感應，只差一點小契機就能變熟。

「這週末想跟我一起去波特蘭嗎？」我一時興起發問。

當時我們正坐在電腦室，一起研究人們如何在人口密集區應用樸門永續設計原則。我想尋找並參觀在都市實踐永續農業的案例，也想去見一個我偷偷迷戀的女生。

「好啊，走！」伊恩說。

我租了一輛白色轎車，我們便上路了。伊恩和我幾乎可說是陌生人，但那不成問題。我們很處得來，有默契地跳過了無趣的部分，直接切入核心。

那趟旅程奠定了我們的愛與友誼，這種親密感或許不完全是被車內獨處給逼出來的，但起碼也達到了促進的效果。我們還沒進到分享彼此創傷的階段，但隱約能透過聊天察覺出來。這是我第一次遇見跟我同樣懂得某種恥辱的人，並產生如此強烈的連結。我們聊了彼此童年的相似經歷，家人、單方面的愛、故鄉，儘管我們所處的社會結構並不相同，卻因某部分的成長經歷而相連，一種讓步妥協，以及類似的苦痛。沒錯，我們彷彿踏入了一處苦痛的空間，但那也是結盟與療癒的所在。一點一滴認識他的那段時間，我的某個部分起了轉變，我感到被支持、被看見，能夠放下防備、放鬆下來，這裡有真正的朋友在。

我們都處於一個不止需要喘口氣，也需要轉念的階段。一邊尋求慰藉，一邊嘗試面對內心的不適。透過盼望休息，也透過尋找能與我們的酷兒身分有所共鳴的社群，將兩者視為冒險的途徑，一層層挖掘內心。我們渴望從其他世界汲取一種典範的轉移，我們需要另一種視角，將我們從陳舊的敘事中釋放。

抵達波特蘭後，第一站，我們前去拜訪一位女士，她成功將自己位於狹小土地上的小型工匠式房屋，改造成樸門永續設計的天堂。她過著零廢棄的生活，庭院植物種類繁多，光是常年可食用作物的數量就令人嘆為觀止。她家養著雞與兔子，並設有水源收集設施與汙水處理系統，甚至還種了一棵能養蠶的桑樹。我這輩子從來沒見過這種住宅。她帶我們參觀房子，一邊說明自己是如何將糞便製成堆肥。一個桶子收集尿液，另個桶子裝糞便，如果我記得沒錯，她有兩個堆肥桶，每半年替換一次，將換下的那個密封，放置六個月，讓大自然施展神奇的化學變化，將廢物轉化成新鮮又肥沃的土壤，用來種植新的作物。她自製的醃漬物塞滿了整個儲藏地窖，一罐疊著一罐，一瓶挨著一瓶，令人大開眼界。

我從沒來過波特蘭，所以不太確定該住哪裡。這是個讓我傳訊息給暗戀對象的絕佳藉口，請她給點建議。我們住進一家飯店，放下背包，躺在房間裡的加大雙人床上。他有點可愛，我看著伊恩心想，好奇他此刻在想什麼。我是受他吸引沒錯，但更多的是好奇。奇怪的是，親密感往往迅速將兩種感受混淆。

我們前往一間酒吧，和暗戀對象及她的伴侶碰面，四個人坐在窗邊的高腳桌。我看著桌子對面的暗戀對象，聰明、有趣、多才多藝又性感，自從我瘋狂愛上觀看史列特基妮樂團（Sleater-Kinney）的〈娛樂〉（Entertain）音樂錄影帶後，就對她的脣深深著迷。

我第一次見到凱莉．布朗絲坦（Carrie Brownstein）是在二〇〇八年，一場由我主持的《週六夜現場》（*Saturday Night Live*）慶功派對上。史列特基妮一直是我最喜歡的樂團之一。十二年級時，放學回家後，趁我媽還沒下班回來，我會把衣服脫到只剩運動內衣和內褲，降下客廳的百葉窗，用媽媽的音響播放《森林》（*The Woods*）這張專輯。我愛死這張專輯封面了——樹木竄出劇院地面，拔地而起，厚重的紅色布幔拉到接近全開的狀態，一左一右框出木製舞台。按下播放鍵，我會把音量調高、調高、再調高。鼓點一下的那個瞬間，珍妮特．魏斯（Janet Weiss）的節奏宛如潮浪一樣帶著你，我的身體便墜落、翻騰、搖擺，進入另一個世界。

鴨子誕生的那天
狐狸全程旁觀並說

是陸地！
是陸地！

主唱柯琳．塔克（Corin Tucker）的嗓音，那只應天上有的低沉吼叫，讓我開始忘情狂舞，瘋狂甩頭，手臂上下猛揮，大力蹦跳。跟著整張專輯一起火力全開，不停地在屋子四處亂舞，奮力往外延展四肢，發了瘋似地宣洩能量。大汗淋漓後，我會跌坐在地板上，做二十下伏地挺身，然後上下跑一趟樓梯，再做一組伏地挺身。史列特基妮的所有歌裡，我最喜歡〈娛樂〉。凱莉的歌聲和她那非凡的長嚎激勵了我，將我傳送到另一個地方，深刻入骨。

嘿！瞧瞧四周，他們在對你說謊！
他們在說謊，哈，他們在說謊！
你難道看不出這只是愚蠢的詭計？
他們在說謊，我也在說謊！
而你只想要娛樂
撕開我吧，讚啦，感覺真自由

這幾乎成了我每天放學回家後的例行公事。我會輪流播放史列特基妮的《森林》和暴力蜜桃的專輯，都是我最常聽的音樂——可愛的小同志。在這與世隔絕的空間裡，我可以釋放自己，把東西逼出體外，試圖喚醒一種連結。音樂支持著我，讓我自由而雀躍地跳動，那感覺極為神聖，我找不到更好的字來形容。

上樓後，我會在媽媽的房間稍做逗留。床的左邊有一面全身鏡。額頭上的髮絲沾滿汗水，我會盯著自己僅穿內褲和運動內衣的身體看。我把身體轉向右邊，頭向左偏，仔細審視身形，每每感到詫異。我吸氣，讓身體膨脹。可憐的東西，總是活得喘不過氣。

我和凱莉成了好友，至今也還是。當時，我們內在的羞恥感讓我們產生連結，能理解彼此的痛，還有內在的掙扎。我們同樣厭惡自我，因此越走越近。

「有自尊的人都討厭自己。」凱莉有次這麼說，我笑了。

我們害怕出櫃，厭惡那些自以為有權探聽我們性向的行徑，壓力不只發生在我們尚未準備好的時候，甚至在我們不知道該說什麼前就開始。對於愛終將到來的信念，為我們製造了共通的喜悅，一種從羞恥蛻變為修復的連結。

我的目光一直停在凱莉身上，直到不得不移開。空著的酒杯擱在桌上，我盯著她的唇，看她啜下最後一口。

那天晚上，我和伊恩睡得很沉，在同張床上睡覺一點都不尷尬，也沒滋生任何問題。

第二天，我們開車去了一座小社區，由一群過去曾是無家者的人所建立。靠著五金行的捐贈與志工的幫忙，社區看上去欣欣向榮，樸門永續設計也是其中一大看點，運送來的木頭和物資用來建造小型住宅。四處種植作物，水源收集塔高高佇立，堆肥占據一方。我們很幸運受邀入內參觀，聽他們分享社區的演變，以及永續設計理念的應用方式。

伊恩在我身上激發出一種新的詩意，注入打開心房的力氣，以一種我沒意識到自己原來需要的方式助我扎根。我們討論那些我還不熟悉的藝術和文學。我渴望透過閱讀書籍大量吸收知識，總是尋求各種推薦，從比爾．麥奇本（Bill McKibben）、大衛．鈴木（David Suzuki）到娜歐蜜．克萊恩（Naomi Klein）。十二年級時，我覺得自己應該會繼續升學，也打算申請多倫多大學。但我一直無法決定要念哪個科系，缺乏明確目標的狀態暗示我該暫緩腳步。幾週後，我通過了《X戰警》選角，那是我一年多來首份接到的工作，最後也成了日後演藝工作不間斷的契機。

我非常享受學習，呃，前提當然得是我感興趣的事物，如果不是，耳朵就會硬得很。我欣然坦承無知，就是為了讓新的觀點取代我成長過程中所學到的主流敘事，這些敘事都沿襲自某些狹隘的思想體系，同時深受白人至上主義影響。由於畢業後我就沒再繼續上學，只好大量讀書，多半都是非文學書籍。我不希望自己停止成長，害怕自己會原地踏步。如今，我仍然努力繼續茁壯，並提醒自己放下自以為是，因為學海永遠無涯。

波特蘭之旅結束時，我們走進一間唱片行，為回程挑了一張專輯。店裡擺著一些試聽櫃，讓客人可以試聽新發行的唱片。我戴上時髦的大耳機，聆聽艾蜜莉亞娜（Emilíana Torrini）《我和亞米尼》（*Me and Armini*）專輯中的〈撲火〉（Fireheads）。

有人還有很長的路要走。
你不再守著電話等候。
你要將它拋棄，砸上石頭。
沒錯，這樣你才能過你的生活。

歌曲的開頭如此唱著。

我們坐上白色福特，南下開回尤金市。我們沉迷於那張專輯、她的嗓音、迷幻又振奮的編曲，深度與情感交織，揉合了美麗與心碎。那張專輯成了我們往後結伴旅行的配樂，成了漫長故事的開端。我們的波特蘭週末小冒險是一次確認，也是一項實驗，測試我們如何聽從內在共同的好奇心，如何成為一個團隊，以及如何當一對破格的搭檔。我認為我們兩個都渴望體驗一種不確定自己是否有可能獲得的臨在感。雖然受困在各自的恥辱風暴中，但只要我們在一起，太多事都變得充滿可能。

我們最常聽的歌是〈可憐蟲〉（Bleeder），是《我和亞米尼》專輯的最後一首歌。她的聲音洗滌了我們，陪伴我們沿著蜿蜒的道路，穿過高聳參天的雲杉和冷杉。歌曲在我們逐漸駛入失落谷時淡出，恰恰好在我們停下前那刻結束。我們靜止片刻，肅穆地品味這魔幻的時刻。享受一同沉浸在音樂中所帶來的親密感，我感覺到一絲火花，想像力重新甦醒。我感覺到希望。

與此同時，我和寶拉的溝通正陷入難關。錯主要在我，是我越來越少打電話給她。我拿收訊差當藉口，但這只是原因之一。我很生氣，不確定為什麼，並且以消極的方式展現。我感受到屬於我的自由，這種感覺為我帶來解脫。**這是很長、很長一段日子以來，「存在」感覺起來最棒的時候**。自私地說，此刻，我更在乎的是眼前的冒險和剛萌芽的友情，而不是維繫我的感情。

重新發現自己

我在失落谷最寶貴的回憶很平凡：做德國酸菜。將剛採收的綠色捲心菜切了又切、切上無數次，和一群認真又真摯的人們一起，彼此都在跌宕起伏的旅程中嘗遍痛苦與喜悅，經歷創傷和癒合，最終被帶到這裡，來到此時此地。

我們將切碎的捲心菜放進大桶中。加鹽後，開始用拳頭不停地捶打、捶打再捶打，讓切好的捲心菜變得軟爛，將水分擠出。一邊聽著音樂，一邊互相交流。我們正在製作的食物至少可以保存好幾個月，如果用罐子封存，甚至可以留上好幾年。當水分釋出，淹過捲心菜表面一點點後，我拿來一個盤子扣在表面上，像手套一樣密合，我又搬了塊石頭壓上去。收起來，讓它發酵個幾週，便大功告成了——德國酸菜。如此與人共度時光的方式是多麼崇高啊，有意義，又滋養。

整期課程結束後，有一場小小的畢業派對，而學員要在派對上進行才藝表演。伊恩被票選為主持人，和他愛交際的個性很搭。他決定打扮成寇特妮．洛芙（Courtney Love）上台主持，也鼓勵其他人一起加入變裝，多數人最後也跟進了。我們挖出了一箱道具，裡頭塞滿了連身裙、長襯衫和一堆假髮。伊恩將他的長紅髮藏在一頂被戴得爛爛的金色假髮下，穿上一件白色絲質連身襯裙，裙長落在膝蓋上方。我喜歡盯著他看，既性感又真實。我扮成寇特．柯本（Kurt Cobain），而且無須借助任何服裝，因為我本來就穿著破爛的牛仔褲、白色T恤和寬大的法蘭絨格紋襯衫。

他的主持出色極了，毫無冷場，極具魅力又妙語如珠，逗得我們開心大笑，讓我們欣於交流，不怕展露自己的脆弱。大夥唱起歌、朗誦詩句，同時，啤酒、龍舌蘭和葡萄酒也在席間傳遞。我拿起吉他彈奏一首自創曲，簡單卻真誠。房間裡的溫柔無可言狀，與陌生人之間的聯繫超越了友好，感覺魔幻至極。

隔天早晨，很多人還在宿醉，大夥一臉憔悴地站到外面，圍成一圈。我們手拉著手，輪流回顧自己在這邊的時光，向彼此告別。起初我很冷靜，內心平和而感激，但隨後，一股無盡的傷感吞噬了我的身體。我啜泣起來，鼻涕流得臉上與下巴到處都是，頻頻用防風外套擦掉它。在失落谷的這段時光，是我很長一段時間以來感覺最接近自己的時刻，感覺自己和一切事物共存。別誤會，無論身在何處，我的心智都亦步亦趨，大腦依然折磨著我，但該死的，它變安靜了，而且靜了超級多。

我在這裡重新發現了自己，悄悄靠近。**一股新的力量找上我，學會多表達一點痛苦，也允許自己這麼做**。但踏出失落谷後便很難堅持下去。我不再置身於沒有鏡子的森林，而是回到了洛杉磯，回到川流不息的車陣與綿延的草坪中。

派對那晚，我和伊恩獻上一首二重唱，為才藝表演劃下句點。我坐在折疊椅上，吉他抵著大腿。燭光照亮每個人的臉，照亮一雙雙友善與鼓勵的眼睛。我看向伊恩，他也迎上我的目光，彼此都有點緊張。我微笑，他也微笑，彷彿在說：「有我在。」我們表演了〈娃娃零件〉（Doll Parts）。曾經有一陣子可以找到那段表演影片，後來就再也找不到了。不過，這樣更好，讓這場表演更鮮明地活在我們共同的記憶中，那些一切就此展開的時刻。

14 媽，我是同性戀

我第一次試圖跟媽媽提起我的性向時，進行得不太順利。那年我十五歲，漸漸開始接受自己會對女生動心，但規定自己只能在獨處時偷偷想。

上網搜尋：我是同性戀嗎？
怎麼判斷自己是不是同性戀？

我不需要閃躲男同學的視線。我對他們無感。某幾位女孩則會讓我心跳加速，不得不避開她們。一定會露餡，我擔心。

那天，我低著頭坐在副駕駛座，努力召喚勇氣。我轉頭看向媽媽。她正專心看著路，銀色耳環隨著車子移動而搖晃，在臉頰邊似碰非碰。

「媽。我覺得，我可能是同性戀——」

「沒有那回事！」她在我還來不及說完前就大吼。我縮回副駕駛座，體內的空氣被抽乾。我垂下頭。她重新將視線落回前方，我們再也沒有提起此事。

隨著年齡漸長，我也越來越明白，知道自己不會出落成一個漂漂亮亮的異性戀女孩。我媽要我改變外型的壓力逐漸加重，學校的霸凌也日益增加。我真的試過了。當她看見我開始變回原本的模樣，喜悅和放心逐漸褪為失望。

她希望我不要成天只和男生玩。

「你不是和提娜很好嗎？要不要約她週末出去玩？」她總是不經意提個幾句，彷彿我聽不出來這絕不只是個隨口問問的友善問題。

上了高中後，她鼓勵我多跟足球隊的女生相處，不要一天到晚跟死黨鬼混。她不喜歡看到我和那些打扮一身黑、頭上五顏六色，帽兜和毛線帽下竄出紫色和藍綠色頭髮的孩子在一起，也就是那些怪咖和藝術家……說穿了，就是那些同性戀。她一度懷疑那些人是一群呼麻咖（確實如此），所以不准我再接近他們，儘管她明明心裡有數，運動員圈子裡的酗酒問題也非常嚴重。我和死黨也不是不喝酒，但我們喝的量和那些受歡迎的學生比起來，絕對少得多。

日後，每當耳邊傳來喬．柏登（Joe Budden）〈嗨起來〉（Pump It Up）的旋律，我就會立刻被召喚回二〇〇三年，哈利法克斯南岸區的一間客廳，被酒精、汗水與性慾的惡臭包圍。American Eagle 襯衫腋下的汗漬，用屁股磨蹭男孩的女孩，就像電視上的音樂錄影帶一樣。若有人不用洗胃，那才真是奇怪。

我媽如此要求，應該只是出於面子，不為別的。比起擔心我會下地獄，她更在意她的自尊心。她想要像其他的足球媽媽們一樣，養的是個女兒。

被愛沖昏頭

一直到我二十歲愛上寶拉之前，我再也沒和她提過性向的事。即便在那時，我也沒提及我的性向，只淡淡說：「我愛上了一個女人，她叫寶拉。」

二十四歲時，我又試了一遍。「媽，我是同性戀，你知道的吧？我是同性戀，這輩子不可能和男人在一起。」我開始跟一名女子同居後，終於開口對她說。

二十四歲生日前後，我在一場為茱兒舉辦的驚喜生日派對上，認識了第二任女友。當時距離我和寶拉因為無法克服遠距離而分手已經兩年了。我和她當場來電，整晚都不想離開她的身邊，毫不害臊地一直跟在她屁股後面。她實在太幽默風趣了，是個冷面笑匠，還摻了一絲剛剛好的憤世嫉俗。每當她的身影消失在視野中，我就會不由自主地尋找她。我拜倒在她的笑眼下，她那帶著一抹性感、近乎狡黠的微笑，舉手投足間流露渾然天成的率性。她也是女同志，坦蕩磊落，是一位演員，我很喜歡她的作品。那是我生平第一次和某個人交換電話號碼。

生日派對一路持續到酒吧打烊，凌晨一兩點才結束。我太害羞，不敢傳訊息約她出去。成年之後，我還沒有這般對一個女人主動出擊過。日子一天天過去，我還是無法停止想她。心不在焉的時候，我會按下Command鍵和N，開啟新視窗、搜尋她的名字，不停往下滑並盯著看，拖拖拉拉不去工作。派對過去快一個月後，我還是沒膽問一句：「嗨，要不要一起吃飯？」不過，我倒是用一場電影首映會當藉口，邀請她和她最好的朋友來看。壓力沒那麼大，但手腳一樣拙劣。

那是《犀利人夫》（*Super*）的首映會，緊接在《全面啟動》（*Inception*）之後拍攝的。雷恩・威爾森（Rainn Wilson）飾演的主角把自己裝扮成超級英雄，而我飾演他的「小搭檔」莉比。當拍攝進行到其中一幕，我必須穿著我的英雄裝站在門口，試圖引誘雷恩和我發生關係時，我卻步了。我的角色站著，邊撫摸短裙下的私密處邊說，「我溼透了」，然後對他霸王硬上弓。該死，我心想，懊悔拍這場戲，也後悔邀請暗戀對象來看首映。不知怎麼的，我忘記了這可能不是一部適合邀請暗戀對象看的電影。儘管如此，她和她的閨蜜還是出席了映後派對。她們人很好，也有稱讚我。我緊張得發抖，不確定她們是否有注意到。

隔天，我們互傳了訊息，儘管有些笨拙，我的策略還是奏效了。我們約好了下次見面的時間，但距離那天還得等上好幾週，我等不及了。我想了個很蠢的辦法，我說服艾莉亞．夏科特舉辦一場派對，而邀請她出席則是這場派對的唯一目的。她穿著黑色牛仔褲、Converse 鞋和紅色格子襯衫抵達現場。見到她的瞬間，我的世界為之一亮，自寶拉之後，我便再也沒嘗過這種感受。

我們大家一起玩需要跑動的猜謎遊戲，所有人都笑到不行。我渴望給她留下好印象，絕對不能搞砸。遊戲暫停時，我和她站在一條又窄又短的走廊上，一個完美的小角落。我們靠著牆，她朝我挪近，我們的肩膀碰在一起。我們兩個都低頭微笑看著地板，側身緊貼在一起。

我無可救藥地迅速墜入愛河。我們試過要慢慢來，但很快便天天一起過夜，進入老套的戀愛模式。當時我住在比奇塢峽谷，她住在谷區（Valley），走一〇一號公路需要花點時間。我住的地方沒有多少迷人的家具，客廳靠牆的地方有張破破爛爛的日式床墊，上面放了幾個抱枕，還有兩張硬邦邦的椅子。我只有一個馬克杯，沒在誇張，冰箱也幾乎是空的——所以我們通常都窩在她家。她的客廳比我得體多了，有著舒適的家具，臥房裡還有一台電視。她的衣櫃是步入式的，整潔有序的程度是我只能在夢裡奢望的等級。

和她交往後，是我第一次身邊經常簇擁著一群酷兒朋友。高中時，我們這種人即便存在，也只會出現於小道八卦中，而且儘管如此，我還是緊緊縮在櫃子不肯出來。除了曾經和寶拉一起去倒影酒吧，還有上回那次，我跟艾莉亞在一間巴黎酒吧遇上的緊張插曲（這又是另一本書的故事了），其他時間我從未踏足同志酒吧。

當時的我並不是、也未曾成為酷兒社群的一員。如何踏進那個圈子對我來說不僅是個謎，也是不可能的事。結果損失慘重。我在孤獨中受盡折磨，獨吞以為是自己專屬的羞恥和痛苦。**我很心疼年輕時的自己，就像隻奮力奔跑的小蟲，卻跑到了倒扣的果汁玻璃杯邊緣。倘若當時我能多和酷兒朋友及跨性別夥伴交流，情況將有多麼不同**。我就能聽他們對我說：我懂那種感覺。我懂那種感覺。我們不必非得那樣想。你不必非得那樣想。即使這些話並非魔法橡皮擦，無法抹去所有恥辱，但絕對能加速事情的進展。

往事重演，我堅持保密的程度漸漸扼殺了這段感情。這讓她很為難，但我找不到別的藉口，只有這八個字──**對不起，我不能出櫃**。

有天早上，我送她去彩排。我靠邊停下我的銀色Mini，把正在播放的ＰＪ哈維（PJ Harvey）〈讓英格蘭怕吧〉（Let England Shake）音量調低，她下了車，站在漢考克公園邊的人行道上。她戴著黑色太陽眼鏡，好阻擋已經烈起來的豔陽。

「我愛你。」她說。

「我也愛你。」我回應。

她的一名同事目睹她從我的Mini下車，但沒看見我的臉。同事八卦地探問我們的關係，她說這是個人隱私。同事開玩笑稱「米妮司機」是她的祕密女友，自那之後，她的其他同事也紛紛以此稱呼我的存在。

有一天晚上，我們一起去聽美好冬季樂團（Bon Iver）的演唱會。那是場坐著聽的演出，她伸出一隻手臂環住我，我僵硬得像塊木頭，直視前方，頭靜止不動，眼神四處飄移，彷彿我的眼球才是台上表演的歌手。為了不要讓今夜以大吵和激動手勢收場，我感覺還是別要求她把手收回比較好。一直要到三年多後，我才第一次願意讓別人在演唱會上抱我。

我在電話裡告知媽媽我和她的事。在我提起自己正在和女生交往前，她正在講一些關於我喜歡男人、我的前任男友之類的話題。她低聲回了句「我知道」，彷彿我感受不到她的失望似的。和寶拉分手後的兩年間，我曾試著與男生交往，就像高中時一樣，我想說服自己這是可能的選項，我有辦法享受其中，或者至少能夠忍受。待在衣櫃裡令人苦不堪言，令我窒息。我渴盼成為眾人想要我成為的那個人，因而沉浸在恥辱中，筋疲力盡，孤立無援，抑鬱難耐。我似乎別無選擇。

拍攝《全面啟動》期間，有一次，李奧納多．狄卡皮歐（Leonardo DiCaprio）的一位朋友彼得來探班，我們聊得很愉快。彼得對所有人都很溫暖，眼神流露著關懷。我下一次再碰見李奧，跟他說我喜歡他的朋友，而他回答，那位朋友也喜歡我。我們的第一次約會去了環球影城，跟李奧和李奧母親一起。搭遊樂設施的時候，我和彼得靠得很近，大腿輕輕互觸。

我媽開心死了。禱告總算靈驗啦！

然而，我和彼得的關係並未持續太久，一個月吧，或兩個月，高中的情況再度重演。

我和女友太快同居了。嗯，多多少少可以這麼說。當時她有意出售房子，而我打算購入我的第一間房。時間點就是這麼湊巧。她準備將房子交給第三方機構託管時，我剛好即將搬入新家。於是我們想——為何不試一段時間看看呢？測試一下感覺如何，也給她一點時間思考下一步？（試圖旁敲側擊說服自己）**我們才沒有被愛沖昏頭呢**。

我們所背負的包袱相當類似，這種一致性助長了我們的愛。這些包袱雖是實體上的，更是情感上的。然而，我對自己所背負的這些東西尚且無以名狀，欠缺訴說的言詞和工具，而她也是，至少從我的角度來看還不對。我們癱瘓了系統，燒毀了它。

我把分手搞得一團糟，幾乎可說是逼她開口提分手。我們的關係必須結束，但我沒有能力去做。我把那股如鯁在喉的反胃感、那股想離開的欲望推至一邊，想逃去一處我也不知道是哪裡的地方。在床上，我縮起自己、拉開距離，心跳怦怦直跳，身體的聲音響亮而清晰。她也聽見了。我可以熱情地表達我的愛，表達我對未來的嚮往，但也會在話到嘴邊時感到困惑。我的嘴是一張沒有身體的嘴，就像那種塑膠發條小玩具，只用一雙大腳蹣跚前行，目標是獲得平靜，而我盡可能地這麼做。

接著，我暗戀上別人，對此撒了謊，然後被抓包說謊。就在假期之前，我把一切搞得烏煙瘴氣，變成一部《拉字至上》（*L Word*）假期特輯。隨後，我馬上想出一個了不起的點子，讓一切變得更糟——我和她復合了。不論自覺與否，背後都是我熟悉的愧疚感在作祟。現在再回頭看，一切都看得清了。我們復合了一個月。至少那次分手是由我主動，而非操控她去做。想也知道，她氣炸了。

我深深愛過她。我但願自己當時能更用心、多做一點，而不是一味求全，直到真相消滅。我將手指伸進火焰，讓它跳舞，然後舔舔食指指尖，將火舌捻在拇指和食指間搓揉，然後一捏，瞬間將它熄滅，發出微弱的嘶嘶聲。

我體內囤積了未梳理整齊的情緒、感覺、渴望與需求。簡單的話語在腦中成形，卡住。我看得見那些話，清楚地寫在那裡，我聽見聲音，但嘴巴拒絕合作。腦中淨是發條玩具的滴答聲，又或是一片死寂。

二十二歲拍攝《全面啟動》期間，我的脊椎附近長了帶狀泡疹。在演員幾乎清一色是順性別男人的陣容中，我對自己所處的角色位置感到困惑。儘管和每個人的合作都很愉快，我依舊感到格格不入。拍攝的頭兩週，我總是開玩笑說自己會被換掉，換成綺拉·奈特莉（Keira Knightley），而且理由絕對正當。帶狀泡疹顯露出我身體受到的壓力，而那是我無法以言語表達的。

我曾期待這段感情能帶給我姍姍來遲的歸屬感，能帶我抵達某個目的地，化解僵局。她是公開出櫃的女同志，身邊也有一群女同志小圈圈，而我也成了其中一員。但真要說的話，我的性別不安反倒因此緩慢惡化。我並沒有因此安定下來，依舊無法融入，揚起一地塵埃。我將混亂內化，像顆彈珠的投影。我看不見希望。

「我怎麼會有這種感覺？」我又一次對諮商師大聲哭訴，「為什麼這種空洞永遠不會消失？」

還沒找出能量是從哪個縫隙流失之前，我們意識不到自己究竟損失了多少能量。在被看見之前，它是無形的，是遙不可及的念想。直到此刻，我才明白自己被耗損了多少，才明白我的大腦被一種絕望的、無窮無盡的控制欲給占去了多少空間。我的腦像座監視的高塔，監控著自己、孤立著自己。

關於十五歲發生在車上的那場談話，我媽口中的版本與我不同。她會不經意地提起，也許暗地裡希望我糾正她，主動開啟她所期待的對話。她甚至把發生地點從她的福斯 Golf 換成了公園。

「我記得我們去快樂角公園（Point Pleasant Park）散步。你那時候還小，好可愛，你都叫那裡樂樂公園……總之，我們在散步，你很害怕，不敢告訴我，接著你說了，我不知道說什麼，只好沉默，覺得很難過，然後我記得我說『我只是不希望你活得太辛苦』，擔心這個社會會怎麼看你。我很後悔當時那麼說。」

直到最近，我才終於糾正了她的說法，創造出空間，開啟一場真正的、療癒的對話。這場對話在我與歐普拉（Oprah）的訪談之後到來，就在我公開自己是跨性別者的幾個月之後。我從來沒想到自己有一天竟能和媽媽進行這樣的對話。坦白講，我不曾認為她會願意接受，我也不想傷害她、看她傷心。**但人們總是出乎你意料**。

最終，是她開啟了那段對話。她準備好了，我也是。**我們從未如此親近，而她願意改變、願意成長、願意對抗不適的過程也格具力量，分外發人深省**。她成了我的盟友。她對兒子的愛永無止境，我很幸運能擁有並感受如此深刻而真摯的愛。見證媽媽那些舊有的觀念與教條逐漸消散，看著她綻放新的光彩，是最美、也最具意義的時光。

15 心碎的戀愛

二十六歲時，我想大部分的人應該都已經知道我的酷兒身分，所以私下也比較少躲躲藏藏，最後一步只剩下公開出櫃。但我發現，自己再次身陷一段極度隱密的感情中，愛到死去活來。這一次，換成我的伴侶比我更深櫃，不過每個人的步調本就不同，人們在彼此旅程上的不同時間點相遇，軌道自然無法完全同步。

我們交往將近兩年了，但就連我身邊一些最親密的朋友也蒙在鼓裡，不知道我正在談戀愛。她的父母也不知情，我只是會在聖誕節拜訪的那位友人。只有她姐妹和兩個朋友知道。我們絕不在公開場合肢體接觸，也幾乎不上餐廳用餐。她在我手機裡的名稱是「萊恩」。

我們當時住在紐約的柏威里飯店，那條路的對面經常守著狗仔，等待名人經過。我們要出門時，她會到外面搭計程車，繞到東三路的轉角，然後我會從飯店側門上車。還有一次，我趁她在歐洲工作的時間飛去找她。她住在一間大型的商務飯店，氛圍時髦又現代，以灰色為主調。我們叫了客房服務，餐點送來時我躲進衣櫥裡，是真的躲進去，不是在譬喻。光線從地板上的門縫透進來。我聽見桌子推進來的聲音，金屬餐蓋叮噹作響，她用溫暖的語氣表達謝意。有些回憶實在平凡得可怕。

她對酷兒身分有諸多質疑。那是真實的嗎？或者，那不過是一項特權紅利，代表一人擁有思考這項問題的餘裕？這些想法和我過去認為自己不可能以酷兒身分過活的感覺很像，我曾經認為自己礙於演員身分而無法出櫃，一心期盼「拜託讓我喜歡上男人」，天知道我是在向誰祈禱。當我事後回想，我也曾以一種嚴厲又不公平的方式對她的性向提出質疑，逼迫她給出一個她還沒準備好要給的答案。我很氣她，但我也知道自己其實想留下。**我仍然厭惡自己的全部，坦白說，我生氣的對象其實是自己**。

在各種派對上，我們盡可能讓視線零交集，彷彿一旦對上眼，就會走漏性向的風聲。

「什麼？所以你們在公眾場合看都不看對方一眼？」我最親的一位摯友問。

有一場派對令我印象深刻。我想回家，但鑰匙在她那邊，我得去找她拿。我們必須執行一項祕密行動，滴水不漏，兵不血刃。

「也許我們應該各自交個男友。」有天晚上我們躺在床上時，她如此提議，說是當作障眼法，彷彿這麼做就能減輕羞恥、放下警戒。我們之間的關係是開放式的，所以嚴格說來這項提議並不算不合理。

「我做不到，但如果你想這麼做，請便。」我的「請便」講得有點尖銳，像拔出了引信，只剩時間早晚的問題。

以一對極度深櫃的情侶來說，我們偷偷嘗試火辣性愛的頻率頗高。太平洋海岸公路（Pacific Coast Highway）下邊一點的岩石上，約書亞樹國家公園（Joshua Tree National Park）的巨岩後，還有飛機上。彷彿有股下意識的渴望，但求被逮個正著，但求別無退路，被逼著出櫃。

我們是拍同一部電影認識的。我們會在接駁車最後一排蓋著毯子偷牽手。本能地伸向彼此，沒有先說好。不需要說好。

我依然記得第一眼見到她的光景。那時，我在銀湖大道（Silver Lake Boulevard）的拉米爾咖啡廳坐著等待，看見她走進來。她身上的洋裝、臉上的笑容、將髮絲從臉旁撥開的方式——沒有一處不光采動人。她的思考方式簡潔、獨特、聰明又富有情感，令我為之震撼。她看起來勇敢無懼。她身旁坐著最要好的朋友，我卻只能對焦在她一人身上。我們聊書、聊社會運動、聊我們的集體意識，也聊大自然的深奧智慧。沿著日落大道往南駛過月桂谷區（Laurel Canyon）時，途中會經過一面牆，牆上掛著一張她的巨大肖像，她最新一部電影的宣傳海報。她的美太危險了，我心想，會出車禍的。

我不想出櫃。我想和她在一起，我們彼此相愛，深深關心彼此，一起度過很有意義的時光。我們之間有過許多美好，甚至可說是療癒。我們曾經為了慶祝她的生日，一起去新斯科細亞進行了一趟不可思議之旅。我們去了黑貂河，離我爸在南岸的故鄉不遠。我們一路向北玩，留宿在友人位於帕格沃希（Pugwash）旁的小木屋中。我們爬山，用營火煮飯，在瀑布下游泳。

我記得午睡醒來時，下午四五點的黃昏迎接我們，那是一天中她最喜歡的時刻。我的頭靠在她胸口，她睡著了，我沉浸在寂靜中，被她的氣味包圍。真想將她的氣味裝瓶，我暗忖。我感覺到戀愛時伴隨的無聲之痛，品嘗著愛上某人的風險。我們沿著諾森伯倫海峽（Northumberland Strait）一路開到布雷頓角。她告訴旁人她去緬因州冥想，我則說我去探望家人。

我們從哈利法克斯飛往多倫多，並在那裡的加拿大航空貴賓室等待轉機，劃下嚴明的界線。我們的目的地不同，但我忘了是哪裡。我坐在那裡喝著免費的濃縮咖啡，她則拿走了我正在讀的書《樂園的復歸？》（*Sex at Dawn*），開始在書衣背面寫字，寫下洶湧的愛意，那是我收過最美的情書之一。可惜，我們的愛撐不到春暖花開。

這段感情無法長遠，就像我曾經瞞著他人的時候一樣，充斥著謊言、焦慮、厭惡。人們不會覺得「她是酷兒」，但他們肯定假設我是，而我不認為她能忍受那種恥辱。最終，她得做出對她而言最好的選擇。不幸的是，那個選擇令我心碎。

她喊停這段感情後不久，極少數知道我和萊恩關係的朋友鼓勵我出門走走，不要再耽溺於痛苦之中。艾莉亞的朋友薩姆要辦一場小型的遊戲之夜，我是真心想參加嗎？不。但我覺得逼自己去很重要，得強迫自己停止自憐。

「小心萊恩也會去。」我開玩笑。

「怎麼可能，她又不在那個圈子裡。」

這倒是。

我和艾莉亞待在挑高成A字造型的客廳，一起坐在柔軟的地毯上。我們啜飲著龍舌蘭，我企圖讓語氣輕鬆起來，挺起肩膀，盡量打起精神，讓自己看起來吊兒郎當一點。

大約十五分鐘後，大門打開，還沒看到萊恩之前，我就先聽見了她，聽見她嗓音蘊藏的溫度。接著，他的聲音傳來。他又高又帥，頂著一頭凌亂的淡色金髮，有種品味很好的藝術家氣息。我站起來，和她對上眼，房間似乎開始融化，我的膝蓋差點一軟。她先挪開視線，將注意力放回她的男伴身上，他的手放在她背上。我盡可能逼自己不盯著看。

我直線切向螺旋樓梯，緊抓著金屬扶手。艾莉亞緊跟在後。我踏上戶外露台，一處蓋在山腰上的混凝結構。我點了一根菸，試圖冷靜下來，心臟跳得飛快，雙手顫抖。不久後，他們兩個和其他人一起走出來。他們加入我們，一起聽一場遊戲規則的講解。我瞥了她一眼，看見她和他在一起是多麼自在。

我無法承受這一幕，於是假裝自己不舒服。「哦不，好像是食物中毒。」我說，一隻手遮住嘴巴。

我匆忙衝去洗手間，等待時間過去，避免照鏡子，往臉上潑了點水。回到客廳後，我坐在桌子旁邊，雙臂交叉，頭抵在上臂，看向側邊。艾莉亞揉起我的背，萊恩的男伴帶了一杯椰子水給我。當然，他對我們之間的事一無所知，這麼做只是出於友善，但我很想扔了那杯椰子水。艾莉亞試著介入幫忙。最後，我起身走出去等車。我守住了祕密。

我從一段感情中退場，在那段感情中，一起參加遊戲之夜這樣的活動是天方夜譚，如今卻在這裡眼睜睜看著她被他觸摸，看她享受其中，看她以一種在我身邊時不可能實現的方式存在著。我想我該為她高興，我試圖說服自己。我很想，很想成熟一點，但那真的太難了。那畫面硬生生將我撕裂。

有人會害你心碎，但你也會害別人心碎。

16 存在於自己的身體裡

九歲或十歲時，我在男女混合隊踢球的最後一個球季，即將進入尾聲。我心急如焚，宛如看顧著一顆被撕碎的心。我父母問球團能否再讓我多踢一年，延後勢必得轉進女子足球隊的時間。在旁人看來，我如此要求是因為「不想和朋友分開」。是的，那麼說也對，但我那看似反應過度的痛苦，不全是因為如此。球團允許我再踢一季。不過那之後，我就得轉入女子隊。

裁判每每轉頭用獵奇的目光打量我時，我總感到無地自容。留著短髮的這個我正在把球擺好，準備開球，卻會被裁判打斷：「男生不能待在這隊。」

「我是女生。」我解釋。不完全是真心的，但我還能說什麼呢？

他臉上浮現一抹假惺惺的微笑。

後來證明，比起接下來即將發生的事，我寧願選擇忍受那種尷尬，那種我確實不該待在這隊的感覺，男生女生再也不能一同競爭的那種天經地義。

我的胸部開始發育，關於運動內衣的尷尬話題不請自來，逼得我一直在找那些能將曲線完全抹去的大號T恤。我的姿勢開始遮遮掩掩，駝起背。我的自信心隨著自我厭惡的膨脹而縮水。然後，我的月經來了。當時我和爸爸正在溫特沃斯（Wentworth）一座垂直高度達兩百四十八公尺的滑雪場滑雪，距離市區大約一個半小時車程。經血摻著金屬味，像個機器人在漏水。我爸去商店買回衛生棉。我大費周章弄了半天，才將它穩穩貼在我的內褲上。每個月都得穿一次這個尿布嗎？我費解。因為厭惡衛生棉的摩擦感，我很想改用棉條，但打死我都沒辦法。

我的體重以一種我無法理解的方式重新分配，那些在Gap男童區買來的衣服開始背叛我。我感覺不到自己。**我變身了，卻沒成為自己，沒像其他男生一樣，變成我所知道的自己。**我急切地想從這個惡夢醒來，我的倒影讓我越來越難受反胃。我閉上眼睛，搜尋過去的記憶，搜尋那些狂喜的瞬間，那些當面遇見自己的時刻，並祈禱有一天能找回它們。

穿上泳褲，享受陽光

一線希望浮現。在我不得不和女生踢球前，有一個男生，提姆，常跟我一起踢球。提姆的爸媽在他剛出生前後從德國搬來哈利法克斯。他爸媽都是工程師，一家人住在南街上，聖十字公墓對面一棟高大、年代較久遠的紅色房子裡，門口有座迎賓的小門廊。佩爾澤先生是位一流的足球選手，總是活力十足，經常提點我們，解釋空檔的重要性，以及該如何運用。他會教我們該怎麼一邊直視前方，一邊用一個小轉身、一個輕點去創造空檔，推進到未知的前方。

室外燠熱難耐，至少以我當時的標準來說啦。新斯科細亞的夏季溫度大約落在攝氏二十到二十五度之間，但在溼度高的情況下，最高可達三十到三十二度。我們幾個男生去提姆家踢球，在後院踢來踢去，如果父母知道我們即將筋疲力盡，一定會喜上眉梢。

提姆的爸爸拖出了一個兒童游泳池。我印象中，他拖出的那款比那些迷你泳池要來得大，但也許因為迷你的是我，所以才這麼想。他開始往裡面加水時，我突然意識到自己沒帶泳裝。我恨我的泳裝，最好眼不見為淨。我喜歡游泳短褲，我爸都稱那為「泳褲」。這個稱呼簡潔有力，音節明快，掂在舌上都能讓我興奮。泳褲，有種鏗鏘的快感。

「我們家有多的，」提姆爸爸察覺到我的擔憂，對我說，「你可以拿提姆的或班的去穿。」

我的臉亮了起來。提姆的或班的？

我跟著他進屋，跟在他沿路留下的菸味裡。他走上樓，拿著一小件紅色的 Speedo 泳褲回到廚房。他將泳褲舉在我面前，白色抽繩一甩一甩的，彷彿在揮手。

乾脆一輩子忘記帶泳衣好了，我心想。我厭惡泳裝上那些該死的帶子，那些帶子延伸包覆我的身體，遮住我的肚子。每次脫下泳衣時那種又溼又黏、巴著我不放的感覺都會令我畏縮，你被困在這裡了。男生們會半捏半摳，調整身上溼透滴水的泳褲。他們那小件的 Speedo 泳褲時髦又緊身，有的會在陽光下閃耀著光澤，宛如超人的泳裝。

「來，你穿這件。」

我小心翼翼接過泳褲，生怕弄掉了這神聖的護身符。有股強烈的意識告訴我，絕不能以任何形式弄髒它。我被這條尼龍彈力纖維的深紅色寶貝迷得神魂顛倒，不小心讓浴室的門在我身後猛然關上，發出砰地一聲。我急忙把腳穿進褲洞，用力一拉，套上 Speedo 泳褲。我爬上馬桶，又或許我爬上的是浴缸邊緣，站到能照到鏡子的高度。我拉緊並繫好抽繩，勝利地抬起頭，臉上的笑容都快裂到耳邊了。

後院和先前沒有什麼不同。我的胸前沒有一層具彈性的尼龍布料遮擋，但那不重要。我和朋友嬉鬧起來，只有我們這些孩子。**唯一的變化在於我變幸福了，那瞬間像是某種啟蒙，焦點變得清晰，增強了所有的色彩與聲音，像是一股喜悅湧上心頭**。

這是我第二次親眼見到 Speedo 泳褲。第一次是在我八歲去愛德華王子島的時候，我們開了三個半小時的車，從新布倫瑞克省穿過聯邦大橋（Confederation Bridge），抵達愛德華王子島，再驅車前往媽媽的朋友布蘭達家。布蘭達在北魯斯提科（North Rustico）有座農場，位於島的北側。還有幾個人和我們一起待在那裡——我媽的一位朋友，珊蒂，帶著她的兩個孩子來，他們兩個年紀相仿，但比我小一點。還有他們的舅舅，也就是珊蒂的兄弟凱爾，也一起來島上加入我們。

我小時候，真正認識的同志只有兩位，凱爾就是其中之一。他是那種偶爾會在電視上看見的經典同志類型。他的穿著打扮、講話的方式、移動的方式……徹頭徹尾就是個同性戀。我發現自己經常盯著他看、感應著，像是認出了什麼。保險絲盒被觸動，我的大腦發射出微小的火花。

那座農場占地六萬一千多坪，土地平坦而肥沃，矗立著一間鋪著白色屋瓦的老式大房子，房子的右後方有一間穀倉，飼養著雞，我一旦察覺天有轉亮的跡象，就會爬起床餵牠們。還有梅波，牠是隻巨大的老豬，感覺就像我的朋友。我經常臨時起意去看牠，想靠近一點，又不敢太靠近，牠壯碩的體型讓我心生畏懼，意識到想和這頭生物講理並不是個可行的選項。穀倉對面站著幾棵樹，那些樹的樹枝朝四面八方岔出、彎折、捲曲，地點相當完美。我會在外頭待上好幾個小時，建造一棟堡壘，將一個破舊的廢棄輪圈蓋滾到窄小的門前，防止郊狼襲擊。我一向很喜歡親近大自然。

這次的假期我們去了彩虹谷（Rainbow Valley），一座位於卡文迪西（Cavendish）的小型水上樂園。我對游泳和水上樂園向來沒太大興趣，我推測這和泳衣有關。（我應該再給水上樂園一次機會，穿上我的泳褲，重新體驗一次。）我們在園區內最熱門也最高的滑水道旁邊排隊等待，凱爾穿著他的 Speedo 泳褲站在我後面。他光滑的皮膚閃著溼潤的光澤，他上身結實，晒成古銅色，是我夢寐以求的身材。我克制自己別讓視線往下，飄向那緊繃的泳褲，但我的視線還是往下飄向那緊繃的泳褲了，和排在我們後面的一群青少年一樣。

「死 gay……」他們的竊竊私語傳了過來。他們刻意用那種剛好可以讓人聽見的音量說話。去他的，一群懦夫。

我親眼目睹，凱爾的身體立刻縮了起來，肩膀向前垮下，頭微微下垂，後頸的肌肉被拉長。那群穿著長版泳褲的青少年邊嗤笑邊嘲諷著，鄙視像他一樣、像我們一樣的同志。我知道有什麼事情發生了，但不知道究竟發生了什麼。凱爾一句話也沒說，他把注意力集中在我身上，一路上都帶著微笑，輪到我們時，我們彎腰爬進去，將自己投向大地。

我後來發現，其實 Speedo 泳褲並沒有那麼適合我。但是當我穿上泳褲，第一次露出胸膛和胸膛上的疤痕時，那股感覺實在難以言喻。也許我在 Instagram 上傳的一張照片最能體現發生在多倫多的那一刻。大大的笑容找上我，燦爛無比。

我已經不再是那個，在攝氏三十二度的天氣裡包緊緊，在泳池旁邊閒來晃去的人了。

如今的我，已經能夠自信地站在感覺是自己的身體裡。

「你有帶你游泳用的那條牛仔褲來嗎？」有一次，我和某位朋友頂著洛杉磯烈陽，坐在她家公寓頂樓時，她打趣道。

在多倫多的那個後院游泳，我的腿在踢，我的手臂在伸，我感覺得到每一個部分的自己。我從水裡站起來，看著水順著我的胸膛滑下，一邊摳著溼漉漉的泳褲，布料緊緊貼在我的大腿上。踏出泳池，我在沙灘椅上坐下，仰躺下來。我享受起陽光。

17 說不出口的話

成年之後，每次回家前，我都會預先做足準備。我已經在工作生涯中花了太多時間在演戲，以致我逐漸意識到，我不能連私生活都繼續演。我不必非得演戲不可，我不必刻意讓琳達和我爸覺得好過一點。

好，這次你一定會說點什麼。這次你一定會為自己發聲。

「請不要那樣說。」

「你為什麼一定要用那種口氣和我說話？」

我在練習。我在演戲？

但是，不出所料，我一回到那裡就無法正常發揮。

我一進門，招呼聲便同時從一樓和二樓傳來，球鞋都還沒脫掉，背痛和焦慮就先找上門，內臟開始脹氣，胸口壓了塊大石。這感覺太發自內心，像道譴責的視線，目光如炬。它劫持你的決心，像捏爆山核桃一樣將其粉碎。我像個四肢拉著線的玩偶，按下重播便自動做出反應，甚至不是真的。如今回首，過去的我老是竭盡全力想要贏得琳達的愛，想要讓爸爸滿意。如果爸爸不幫我說話，那顯然是我的錯。而或許，要是最後真被我找到了解方，也許就能找到安全感。我開始很少回家。

結果，換成我爸來洛杉磯看我。那一年我二十五歲，住在坎頓街（Canton Drive）上自己買的房子裡。那是一個安靜的街區，居民大多是年輕的小家庭，還有一些長者，我很喜歡那裡。那棟房子有兩間臥室，還有一座坡度很陡的大後院，花園瀰漫著茉莉花香。我在籬笆旁邊種滿了茉莉花，因為我知道萊恩很愛，她喜歡空氣聞起來全是茉莉花香的感覺。房子附有一座中等大小的泳池，形狀像顆腰豆，在加州的陽光下閃閃發光。到了夜晚，院子裡會亮起亮紫色的燈（因為一位剛分手的前任喜歡彩色燈泡，我一直忘了要換掉，最後那些燈泡總算自己燒壞了）。

房子的客廳大小適中，窗戶很大，可以看見下面的車道。客廳裡只簡單擺了一張沙發和兩把中世紀風格的椅子，正對著漆成白色的磚砌壁爐。離開客廳，還有一個小巧精緻的一字型廚房，左邊藏著一小間廁所，另外還有兩間舒服的臥室。

爸爸來之前告訴我，這次見面他想和我談談關於我小時候的事。我首先想到的，是成長過程中從琳達那裡感受到的敵意，以及他看似無力介入的事實；或是他終於有所領悟，發現自己對我表達愛意的方式，是如何依據琳達在場與否而改變。丹尼斯有種和琳達很像的能量，但表現的形式不同。他不需要那些嗔怒的表情，他用輕軟的語氣就能辦到，就能操縱頻率來達到他的目的。他會讓你輕輕踏進自我懷疑的甘霖，讓你沐浴其中，表面上是為了舒適，卻寒進心骨裡。而且你不知道為什麼，自己還是會繼續順從。

接到那通電話讓我當場呆住，忘了追問他是什麼意思，但我去機場接他時，心中交雜著恐懼和希望。他可能會道歉的可能性、針對過去進行坦率對話的可能性，感覺時機終於來臨了。

他來了之後的第一天還是第二天，我們剛從全食超市採買完日用品，一起坐在停車場。他轉向我，一臉深思。

「我想跟你說的是，呃，我想了很久……」他開口，「我覺得自己一直以來都背負著罪惡感，背了太久，現在終於到了可以放下的時候了。」

和我預期的不太一樣，但我仍懷抱著一絲希望，期待這是一次能幫助我們彼此向前走的和解時刻。

「在你小時候離開你媽，我一直感到很愧疚。」

我的腦袋因為困惑而絞在一起。

「但要是沒有發生那一切，我就沒機會跟琳達在一起。」我不懂他為什麼要說這些，又為什麼要對我說。在那間有她在場的房子中長大，我感覺自己是那麼的渺小、那麼無能為力。他繼續說：「這輩子就沒機會與她相伴，也就永遠體會不到現在所擁有的愛與幸福。

我真的很愛她。」

這輩子就沒機會與她相伴。我在腦中重複他的這句話。真美好的人生。那瞬間我頓悟了一件事：他根本就不懂，他的眼裡根本就沒有我。

我的肺暫停運作，胸口著火，這輛車是個陷阱。上一次回家時，我好不容易能夠開口述說我的一些經歷、痛苦，以及在那棟房子長大所帶給我的影響。但此時此刻，我的感受似乎再次被擠到一旁、被抹去，激動的情緒一拳揍上我的五臟六腑。

我直視前方，僵在那裡，沉默不語，大腦無法跟上接下來的對話。不是我沒說話，而是我說不出話；這種感覺伴我生活了很久，像個看不見摸不著的嘴套，在不知不覺中讓我閉嘴。我容易不安的程度讓我在工作上遇到很多問題，鏡子、我的臉、緊身的衣服，我確實想死，但我沒打算去做，至少理智上不會。方便且最可行的選項是全面關閉，引發一場大停機。當這些停機發生，我經常會陷入回憶——陷入壓力的惡性循環。

我的思緒跌入了另一個時刻。

被鎖住的感受

「你能大聲一點嗎？」

我正在進行一場華麗又重量級的平面拍攝，攝影師赫赫有名，在業界地位很高。我坐在一張導演椅上弄妝髮。當時，這是我工作生涯參加過最大費周章的一場拍攝。音樂咚次作響，閃光燈在我的視野邊緣進行測試，大量的工作人員，潮人中的潮人。就像走進一部電影裡。

我早已進入安靜害羞模式，走進現場後，被帶去和造型師打招呼。沒有事前定裝，因為只有一套，我得穿上它。那是一件藍色洋裝，但太緊了，背後的拉鍊無法完全拉上，將我最後的一絲自信榨乾。然後，便發生了。話語僅能勉強從我的嘴角擠出，成了難以辨認的呢喃。

享譽全球的攝影師拉了一張同樣的椅子坐來我旁邊，向我介紹她自己。化妝師暫停手邊的工作，方便攝影師和我說話。她問了我一些初次見面時會問的問題，但我無法給出答案。我被別的東西給控制，全身僵硬，毫無反應。她對我的不滿逐漸顯露，一開始是一種可以被解讀為疑惑的表情，但很快就轉成了厭惡。

「你是啞巴嗎？」她厲聲大罵。

話音剛落，她抬起腳，身體稍微後傾，將膝蓋往她那個方向抬起，用力踢了我的椅側一腳。她的靴子底部撞上椅子的木頭框架，狠狠一踹。我的心跳停了一拍。一切發生得太急太快。剛才到底發生什麼事？

我震驚不已，身體更頹了些。她離去時，我盡可能控制住眼淚，不讓臉上的妝毀掉。我的老天，你可不能頂著哭暈的眼線拍照。我想不起來她那一腳是否成功逼出了我的回應。我只記得他們完成了最後潤飾，把我的頭髮吹出光滑的波浪，然後套上服裝，搞定我的照片。

我們將車子停上我家車道。此時，我全身都被恐懼給占領，卻無法解釋原因，甚至對自己也無法。事後才領悟，光是一想到要反駁爸爸所認定的事實，就讓我整個人捲入亂流，打從骨子裡感到焦慮。

整理好剛採買來的東西後，我抓起手機、錢包、太陽眼鏡，說我該去諮商回診了，一邊後悔當初跟他說了回診的時間。我的語氣帶有刻意掩飾後的緊繃，顯得過於友善，像演員上了戲，房間裡的壁爐只是個道具，沒有一樣是真的。

「不是兩小時後嗎？」

「對，但這個時間要過山會很塞，而且我還想在路上買杯咖啡。」

開車穿過月桂谷區，往范圖拉大道（Ventura Boulevard）的方向開，我的身體在顫抖，右腳不由自主抽了一下，膝關節發出微弱的嘎嘰聲。我集中精神，想靠意志穩住腳。從擋風玻璃望出去，我視線模糊，紅燈，綠燈，油只剩下一點，我左轉拐進穆爾帕克街（Moorpark）。三份濃縮加冰塊，再加一份豆漿，穩穩卡在我的 Mini 汽車杯架上。到了范圖拉大道後，我要走冷水峽谷街（Coldwater Canyon），穿過谷區，抵達諮商師位於比佛利山莊威爾榭大道（Wilshire Boulevard）的舊辦公室。我會提早到，待在車上享用我的咖啡。

顫抖變本加厲，我打開全國公共廣播電台，尋求某個療癒的嗓音來壓過我嘈雜的思緒。中間偶爾啜幾口咖啡，咖啡因顯然無助於緩解我的焦慮。我汗流浹背，但渾身冰冷，胃擰在一起，急著想拉肚子。就像遇上了一幕突發驚嚇，但人留在空中。我努力集中注意力，眼睛死盯著路面。

此時，我遇上紅燈，準備切換車道繞過前面那輛車。很簡單的動作，我在洛杉磯路上做過無數次。結果，我竟撞上前車的右後車燈，撞壞了我車子的左前部，幸好沒把對方的車撞得和我自己的一樣慘。我跟著那輛黑色轎車開進范圖拉路邊的一座停車場，滿心內疚，我開車時從來沒有犯過這種錯誤。那位女士嚇壞了，我不停道歉。

「你是在用手機傳訊息還是在幹麼？」她生氣地質問。她完全有資格這麼做。

「不，沒有，我不知道我怎麼會這樣。真的非常抱歉。」

我們交換聯絡方式，拍了照。保險公司的人來做該做的工作，毫無疑問是我的錯，沒有別的可能。

我回到車上，看了看時間。我打給諮商師，被羞愧淹沒，心亂如麻。

「艾倫，這種事很正常，車子擦撞天天都會發生。我自己也遇過。」她的話安撫了我，讓我的胃舒緩了一些。心情逐漸平復下來，看診也還來得及，時間甚至很充裕。

我坐在諮商師的沙發上，身體縮成一球，雙手抱頭，內心愧疚難抑。她努力說話安慰我，但我聽不進去，我無法讓那些話進到我裡面。不知怎的，話題轉到了我爸身上。

「既然你父親來了，你想要請他來這邊陪你嗎？」

我幾乎沒等她說完，就迅速出言打斷。

「什麼？才不。」我的語氣很尖銳，但還是摻了一點不可置信的冷笑。我沒料到自己會做出這個反應，這種反應我通常只有工作時才會拿出來用。

她問為什麼。我真心給不出答案，只能說絕對不要。

一想到要和他對質，要劃下任何界線，我就覺得自己好像要吐血了。

回家後，雖然不得不處理車子的事，但起碼大大地分散了我的注意力。打電話，開車去車行維修。我爸很迷車子，我叔叔是汽車技工，兩個堂兄弟也是。所以該是輪到他大顯身手的時候了，我把主導權移交給他，讓自己留在屬於我的地方。

日子繼續前進，我在腦海中一遍又一遍嘗試不同的句構，蓄積力量，或者說是拖延時間，不確定是哪種。我還是做不到，那些話就是出不來。我的感受被牢牢鎖住，就快到了，卻總是被推回去。

當你讓界線足夠模糊，就會迷失其中。**我就是在那一刻感覺到，我這輩子永遠不可能聽見我所渴望聽見的東西，不管是某種理解也好，一個解釋也罷**。什麼都好。還要好多年後，我才能終於說出口。

18 自我意識的成形

十二歲的某一天，我正坐在馬桶上，突然間就知道了。那天，我的父母告誡我，別把「演戲什麼的玩意」當成我的未來。

「這些只是暫時的，我不想要你抱太多希望。」他們總會這麼說。

我能理解。我和爸媽的世界離電影製作天差地遠，好萊塢與其說是一個地方，不如說是一則神話。爸媽不是故意刁難我、不相信我，而是就事論事，不希望我太驕傲或興奮過頭。就當時的狀況來說，演戲的確會是有趣的經驗，但我得維持我的成績，也得繼續踢足球。演戲不能當飯吃。

但我就是知道。那了然於心的一刻是我這輩子都忘不掉的瞬間。我在廁所裡坐了好久，久到不合理，我的視線沒有焦點，但一切盡收眼底。我從中裂開，浮現一股無可言說的感覺。茱莉亞．羅勃茲（Julia Roberts）突然出現在我面前。在眾多演員之中，出現的偏偏是她，這真是個令人欣喜的巧合，因為我後來出演了《別闖陰陽界》（*Flatliners*）的翻拍版。

也許有人也曾對茱莉亞．羅勃茲說過同樣的話，說那永遠不會發生。不實際，太難了，不可能。但就是會，當時和現在都是。我知道那會發生，我看得見它，也感覺得到。

我從沒告訴過任何人，這是我的小祕密。它藏在內心深處，而我感應得到，從那一刻起，我便深信自己終將堅持下去，從未有過一絲懷疑。被拒絕本是家常便飯，我並不會因此沮喪。有些角色屬於我，這會讓其他演員感到失望；有些角色不屬於我，那便是輪到我失望的時候。這不代表演員不會難過，甚至心碎，只是說明了人人都得接受並且放下。說不定我不過是較早排遣了這種情緒，就像許多事一樣，早晚都會習慣。

我會找當時最要好的朋友陪我對台詞。我們小學就認識了，但一直要到十歲左右，我們參加科展時被分到同一隊，才第一次單獨相處。我和傑克很快便形影不離。

他會跟我一起順過每一幕，確保我記住所有該記住的部分。我家沒有攝影機，所以如果試鏡不是當面進行，他會陪我去市中心的攝影棚，一起自助拍攝試鏡影片。選角導演會將要拍的場景傳真給我，術語叫做對白本（sides），然後我會錄成錄影帶，寄回去給他們。

我和傑克都是有點奇怪的小孩。我們發明了一個叫做「樹上彈跳」的遊戲，我們會坐在一根圓形的樹幹上，手裡抓著從傑克家院子那棵巨無霸大樹上垂下來的繩子，然後從樹幹上跳下來，目標是要在腳底接觸到橡木前盡可能地多轉幾圈。結局多半以撞上堅硬樹皮收場，不是誰的背就是誰的側身，畢竟不勞則無獲嘛。我們甚至組了自己的政黨——鴿子黨，我們的宣言遲遲無法定案，不過倒是常上街為鴿子爭取權益，採訪路上遇到的每一隻流浪鴿子。牠們通常都無視我們的要求，拖著腳步離開。

傑克在學校被捉弄得很慘。他經常亢奮，高度亢奮，這肯定會讓一些人很火大。其中一個同學會把傑克推去撞置物櫃，還試圖把他塞進去，幾乎天天找他麻煩。同一位同學也曾經把我塞進垃圾桶裡。傑克會被同學們的惡毒行徑激怒，失去控制，但反倒讓那些人變本加厲。我想保護他。他也保護了我。我們需要彼此。

傑克的爸爸在他三歲時就過世了，而他的繼父並不是特別溫暖的人。也許是我自己的投射心態在作祟，但他繼父明顯對自己的親生兒子更親切。我對此義憤填膺，但我又能做什麼呢？傑克只是個孩子，在悲慟中孤立無援，無處傾訴。

「你要是不和傑克混在一起的話，其實很酷。」我和另一位家住塔街（Tower Road）的朋友在他家附近打網球時，他對我說。他是我小學時最要好的朋友，但上了國中後我們就散了，他進了受歡迎的小圈圈，而我對「酷東西」沒興趣。我喜歡和傑克發明一些奇怪的遊戲，以及讀那些傳真機送來的劇本片段，並且把自己錄起來。我喜歡和不會裝腔作勢的人相處。**和傑克相處時的我，是當時我所能做到的，最接近自己的樣子**。

我想我對「酷」和「受歡迎」的厭惡，大概跟我長期偽裝自己的程度有關，無論那份偽裝是有意識或不自覺的；而「受歡迎」，正是那張終極面具，一副太緊的模具。我已經夠喘不過氣了。

話說回來，在我十四歲時幫助我拿下第一個電影角色的人，正是傑克。我們一起在市中心自助錄下的試鏡帶替我拿到了那個角色。對白本攤在地上，傑克一邊扮演不同角色，一邊逗我笑。只有我們兩個在。我可以消失，離開身體一下下，而弔詭的是，這竟加深了我與身體的連結。這種狀況在拍戲時也會發生。雖然服裝和髮型無法盡如人意，但演戲時我所能感受到的那股喜悅，那獲准離開的感覺，讓我得以呼吸。關於傑克，我要感謝的實在太多了。

那部電影名叫《我下載了一隻鬼》（*I Downloaded a Ghost*），內容在講一名青少年……沒錯，在網路上下載了一隻鬼。如今以《雷諾九一一：邁阿密瘋雲》（*Reno 911!*）走紅的炸子雞卡洛斯·阿拉茲拉奎（Carlos Alazraqui）正是那隻鬼。他是模仿大師。我總是不斷央求他再學一遍，尤其是模仿荷馬·辛普森的時候。他非常搞笑，人也和善，對我很有耐心。和小孩一起工作並不是件容易的事。

那部片的拍攝地點在薩克其萬的薩斯卡通，是我當時離家最遠的一次。飾演惡霸的演員不是青少年，而是一位二十歲出頭的女人，她很漂亮也很真誠，對我很友善。我無可自拔地迷戀上她，身體產生一股顫動，著迷於她那自帶光芒的模樣。回哈利法克斯上課時，我會幻想她的身影翩然進入教室；當時的我打從內心認為有可能。我還真是想太多了對吧？我知道自己迷上了她，但又不全然明白。我只知道自己無法停止想她，我想她。她知道我喜歡她嗎？不確定。

拍攝結束後，因為還不習慣瞬間失去片場緊密羈絆的感覺，我心很痛。工作給了我動力——它逼我活在當下，逼我去感受。經常不在學校的那些年，人們可能以為我的成績變很差，但事實並非如此。我反而因此有機會和老師一對一學習，獲得所有相應的專注和照顧，而那代表我在教室中缺乏自信的那一面不會帶到拖車上，也不會帶到攝影棚內散落著課本的辦公室裡。我們可以一心專注在學習上。

讓你能做自己的友情

在《我下載了一隻鬼》之後，不斷有工作找上門，增加的幅度相當明顯。有些什麼發生了，這事能成，我暗忖。我想要有一個能讓我擁有某種自主性的空間，一個能以學校欠缺的方式反映現實的空間。我對每部片所開創的嶄新局面上癮，被可能性給迷惑，我把自己整個人灌入那個世界——置身於一個，**當個怪小孩被視為好事的世界**。我不想回頭。

我被一部名叫《奇屋靈貓》（*Ghost Cat*）的電影選為主演之一，那是部家庭片，至於主題呢，和剛才一樣，就跟標題寫的差不多。爛番茄影評網（Rotten Tomatoes）描述得很精闢：「一名男子（麥可．安特金，Michael Ontkean）和他的青春期女兒搬進一間老房子，遇上一隻老愛惡作劇的幽靈貓。」那只是我生平第二部主演的片子，而就這麼湊巧，兩部的片名剛好都有「鬼」這個字。

我就是在這部片認識馬克的。那時我剛滿十六歲，而他十四，個頭比我矮。那幾年，馬克一直為深受世人喜愛的食蟻獸角色「亞瑟小子」配音，那是我小時候最喜歡的卡通之一，再加上我剛見識到他在《偵訊麥可克洛》（*The Interrogation of Michael Crowe*）中的絕妙演出，格外期待和他見面。我飾演的角色是鎮上新來的孩子，而他飾演友善的鄰居，和我的角色成為朋友。

我和導演唐．麥布瑞提（Don McBrearty）的合作相當愉快。他和藹可親，給我很多有用的建議。這個故事大致上是關於一位遭逢驟變而極度哀慟的女孩，將自己與新環境隔絕，同時封閉內心的故事。某場戲開拍前，我在一張裱框照片玻璃上瞥見自己的倒影，看見長髮框住我臉的樣子，和額頭光滑發亮的模樣。那是誰？我感到一陣噁心。「開拍！」噁心消失了。

直到幾個月後，我在蒙特婁拍攝另一部片，一部由戴塔．柏琪（Delta Burke）主演的Lifetime頻道原創電影《衝出逆境》（*Going for Broke*）時，我和馬克才正式變熟。某樣東西被觸發，並且綿延直今。那陣子，我們一直有保持聯繫，也提過要在蒙特婁見面。他剛好也在那裡拍一部片，但我們還沒約好時間。

我翻著一本和弦譜，笨拙地撥弄我的 Art & Lutherie 木吉他，湊巧是在魁北克製造的。我彈起簡單的歌，小小聲地唱著。巴布．狄倫（Bob Dylan）、卡特．史蒂文斯（Cat Stevens）、披頭四（Beatles），甚至也彈了幾首我自己寫的歌。此時，飯店電話響起。

「喂？」我說。

「嗨！」是馬克。

他本來在外面散步，經過這間飯店時，他突然來了預感，艾倫就住在這。於是，自動門滑開，他大步走向飯店櫃檯，自信地開口：「請幫我轉接艾倫．佩姬住的房間，謝謝。」而竟然，在蒙特婁市中心那麼多的飯店中，我果真就在這。馬克形容那是種奇怪卻強烈的直覺，他十分確信。

這是我和馬克第一次單獨相處。沒有其他演員或老師或家長在場，他用一種新的方式對我敞開自己，悄悄流露憂傷。他總是那麼貼心、周到、又有耐心，幾乎稱得上完美。他需要暫時放下這些，休息一下，他需要有人對他說：「你還好嗎？」而且要是真心的。他覺得自己和同儕間有隔閡，過得有點煎熬。在家、在學校、在片場，他感覺自己和一切事物都很疏離又空虛，但不清楚為什麼。演戲帶給他巨大的壓力，卻很少令他快樂。他的內心有道裂縫，我看著那條縫在我眼前擴大，是好的、必要的裂縫；枝枒奮力從混凝土中鑽出來。

每講一陣子，他便會為自己說了這麼多而道歉，為自己的感受感到丟臉。我很想給他一個空間，讓他自由地吐露心聲，鼓勵他放手，不要因為我在而自我審查。我能感覺到他很緊張，希望他能放鬆下來，讓糾結的眉間獲得釋放。

在我心裡，音樂標記了我們在蒙特婁共度的時光。我們無止境地聽電台司令（Radiohead），馬克的吉他彈得比我好多了，他教我彈那首我彈得很爛的〈人造樹〉（Fake Plastic Trees）。不過，標記這段時光的不只有湯姆．約克（Thom Yorke）獨特的嗓音，還有我們之間深刻的聯繫、真摯與認同——這段兩個孩子共處的時光，成就了我們一生的友誼。

我從馬克那裡第一次聽說有藝能班這種地方，是多倫多的一項教育計畫，而一年之後，我將會去那裡就讀。我想我當時也扮演了類似的角色，為馬克創造了一個能全然做自己的空間，而反過來說，我也得以盡可能地做自己。相較於我的父母，他的父母對他嚴加保護，以致他過得一直比我更孤立。他總是和父母待在一起，無論是在學校，還是在片場。

很多童星的狀況都是如此，身旁總是有人，卻無依無靠。

除了小時候和媽媽一起，我在多倫多幾乎沒搭過地鐵。十五歲那年，我們去拜訪阿姨的那個夏天，是我第一次自己搭多倫多地鐵，從阿姨位於伊陶碧谷（Etobicoke）的家搭往市區。一路上，我會用我那台黃色的Sony隨身聽聽著酷玩樂團（Coldplay）的《降落傘》（*Parachutes*），一邊讀著當天預計要參加的試鏡對白本。就這樣，在多倫多僅僅生活了一個月後，我已經比馬克更熟悉這個城市。我想，他的父母應該對我的介入很反感，不樂見我幫馬克找到他亟需的獨立，讓他有機會為自己決定真正想要且渴望的東西是什麼。

我們的友誼是一段幫助彼此找出內心真實，幫助彼此克服恐懼和自我，拋開無謂期望的關係。**我們守護著那份真摯，守護著一個得以安全著陸的空間，當一個即便對方試圖隱藏，也能夠看見對方的人**。從許多角度來說，我從馬克身上體會到的相知相惜，是我和傑克之間未竟之境的對照。

轉學後，我和傑克便漸行漸遠。我們的興趣變了，而且我很常因為拍片不在學校。新朋友在很多方面激勵了我，讓我更大膽、覺得自己覺醒了，也暴露出我的無知。十年級時，我第一次上街參加遊行，抗議伊拉克戰爭。我們會借書給彼此看，交換對於娜歐蜜・克萊恩和阿蘭達蒂・洛伊（Arundhati Roy）的熱愛。自我意識正在深處形成，我能感覺到它正在醞釀。

隨著我的興趣不斷擴展，我對電影的品味也隨之提升，這也正是演技轉變的開端。角色和故事都變得更加成熟，充滿有待拉扯與挖掘的情感。我想要更多，想要深陷其中。所以我讀完十年級後就離開哈利法克斯，去了多倫多。心想我該去試一次。我猜傑克應該覺得自己被拋棄了，我也有這種感覺，即便我才是離去的那個人。那是我人生最深刻的友誼之一。

事隔多年，我和傑克終於在我二十二歲左右時首度重逢。我們聊了一些事。我們的生日只差兩天，我是二月二十一日，他是二十三日，所以我們總會在那幾天附近互傳訊息，簡單問候一下，迅速更新彼此動態。我們是在他家相聚的，他家就在公園南街上，離我小時候念的基督教青年協會學前班只有幾棟之遙。傑克的公寓位於高樓層，還有一個可以俯瞰對街公共花園的陽台。他的人生很成功，看起來也過得很快樂。我們兩個都很常出差，所以這次能見到面實屬幸運。能這樣久違地聊天感覺很好。我們都是大人了。

19 鏡子中的女孩

媽媽被 Old Navy * 店面招牌吸引，像隻朝煤燈撲去的飛蛾。她用僅存的一點氣力飛撲，所追求的結果近在咫尺。維吉尼亞州里士滿（Richmond）市郊某處，我即將穿過那間連鎖商店的門，被無止境的品頭論足弄得精疲力竭，但下定決心要為了她，以「一個女孩」現身。

我媽的人生過得並不輕鬆。她是名單親職業婦女，很小便嘗過失去的滋味。她出生於一九五四年，生在新布倫瑞克省的聖約翰市，母親是格拉迪斯・尚，父親是高登・菲爾波茲，是名聖公會牧師。我媽童年時經常搬家，先後住過聖約翰、多倫多和哈利法克斯。我的阿姨們談起父母時總是深情款款，語氣和沉默中卻摻了看不見的哀傷。她們的父親在我

* 受青少年歡迎的美國流行大眾服飾品牌。

媽十六歲時突然過世，死於心臟病發。葬禮在聖保羅教堂舉行，那是加拿大最古老的基督教教堂。教堂裡擠滿了人，就連最後方和門外都有人站著，所有曾被他感動過的人都來獻上愛與敬意。我媽告訴我，他的布道風格既歡樂又青春。他在聖保羅教堂擔任牧師時，會在聖壇上引用披頭四的歌詞，將歌詞內容融入耶穌的話語和教誨。

儘管我的祖母承受著丈夫過世的沉重傷痛，卻不得不為了孩子堅強起來。說實話，她別無選擇，必須為了四個還沒長大離家的小孩擔起單親家長的角色。她藏起內心的痛苦，不被旁人知曉。外公過世兩年後，外婆在乳房發現一顆腫塊，接著越來越多顆。她決定不要告訴她的醫生，而由於當時的存活率很低，她也不打算接受治療。外婆沒將此事告訴任何人，連孩子也被蒙在鼓裡。她隱瞞病情，用爽身粉、紙巾和香水掩飾應該是乳房腫瘤引起的潰瘍，癌細胞逐漸占領了她。我能理解她並不想讓孩子經歷這一切，因為悲傷仍是那麼歷歷在目。

外婆去世時，我媽正在法國留學，是大學學位內容的一部分。她夢想成為一名法文老師，她熱愛那套語言，熱愛它的抑揚頓挫，期待去探索那片既熟悉又陌生的風景。她在巴黎學了方言，沉浸在新鮮的文化中。當時有留下一張照片，照片裡的她獨自站在噴泉前，鵝卵石地在她腳下鋪展開來。那是浪漫之都，是我爸爸幾年後會向她求婚的地方。她身穿一件駝色大衣，時髦又優雅，衣擺落在她小腿上方。她臉上漾著一抹柔和的笑，俐落的短髮襯托出她的顴骨。法國新浪潮，美得令人屏息。

媽媽沒能參加她母親的葬禮。那是一九七〇年代，你沒辦法想打電話就打，也無法傳真。她的家人試過一切辦法，打給學校，甚至打電話去聽說很受學生歡迎的酒吧，但都聯繫不上她。有一天，媽媽在市區街上經過一間郵局，覺得該打個電話回家。結果是她那住在紐澤西的姐夫接聽的。

「哦！嗨，約翰！你怎麼會在那裡？」她問。

他不知道該從何解釋，便把電話交給我的阿姨貝絲，但她也不知如何開口，又將電話交給了另一個阿姨海瑟，海瑟才告知我媽這個噩耗。

媽媽大受打擊，跌入錐心刺骨的痛，狀況簡直是惡夢一場。她被朋友送回宿舍。

「要我們幫忙打給你家人嗎？想辦法送你回家？」她朋友問。

我媽決定留在法國，完成學業。她母親會希望她這麼做，她打從心底確信。

每當我想到媽媽最後回家的那趟飛行，我的心便碎落一地。宛如置身雲端上的地獄，在煙霧瀰漫的飛機上哮喘不止、孤苦伶仃。無法想像的痛。機輪砰砰落地，回歸地面，回歸現實，僅剩的現實。

二十歲，我媽便沒了父母。

離開法國，回到了家，她在哈利法克斯的聖文森特山大學（Mount Saint Vincent

University）又開始了新的學年。她的兩個妹妹從新斯科細亞搬去紐澤西，和我阿姨海瑟同住。海瑟阿姨是四姐妹中的老大，嫁給一位美國工程師後，便跟著丈夫的工作一起搬去紐澤西的韋恩蘭（Vineland）。她總是朝氣滿滿，她身上那股特別喜歡照顧他人的特質，也許正是從那段艱難的歲月中萌發的，從她自己的失落中給予，把它從自己身上拽出來。那鐵定很不容易。多年後，海瑟阿姨被診斷出結腸癌並病逝時，我無法想像媽媽有多難過。

海瑟阿姨搬去維吉尼亞州後，我和媽媽有時會南下拜訪她。那幾趟旅行很珍貴，回憶中充滿了媽媽活力又歡樂的模樣。我會爬上海瑟阿姨的床，擠在她身邊，和她一起看她最喜歡的電視節目，清一色是英國喜劇。媽媽加入我們的時候，她總會笑到連鼻子也發出哼聲，讓我笑得更大聲，幾乎接近嚎叫。那種感覺很棒。我喜歡看她們開心相聚的模樣，那些咧嘴大笑的時光。

海瑟阿姨的家就在里士滿市外圍一點點的地方。每次去到她家，我都會和表親一起在外面玩耍，也會去附近的湖游泳。有一次，我們在垃圾場找到一輛破爛的卡丁車，才開十五分鐘左右就宣告報銷，那十五分鐘卻成了我永遠不會忘記的回憶。卡丁車壞了以後，我們找到一台廢棄的梨球架組，看起來還能玩。某個大人替我們把它組裝好，固定在地面上。最後，我們在營火旁烤起棉花糖，做成巧克力夾心餅，為這一夜劃下句點。

我會在戶外待上好幾個小時，坐在地上，觀察螞蟻爬上我的手掌，小小的腳動得飛快，繞著手轉。我想要像森林之子毛克利（Mowgli）一樣，學他在叢林裡吃螞蟻。螞蟻沿著我掌側的弧度爬到指關節處，然後重新定位方向，改朝手腕爬去。當牠們爬到我手錶附近時，我便一隻一隻將牠們舔乾淨。表親跑去向我媽告密。瑪莎・菲爾波茲怒氣沖沖向我走來，氣急敗壞地把手指伸進我嘴裡，挖來挖去，想把死掉或正在扭動的蟲子挖出來。我記得她抽出食指，上面沾了一道道黑色痕跡和血。雖然有點噁，但那些螞蟻的營養成分可能比阿姨冰箱裡的卡夫起司片還要高上許多。

越努力，越怪誕

青春期來臨時，差不多也是我最後一次拜訪阿姨的時候。維吉尼亞感覺不太一樣了。海瑟阿姨姻親那邊的表兄弟姐妹也齊聚一堂。我們很少見面，我和媽媽沒辦法常去里士滿，但海瑟阿姨家始終是聚會和訪客的中心，即便在她生命的最後一年也是。

「你的T恤是哪裡買的？」我的表姐大聲問道。他們發現我和他們不是同類之後便心生嫌隙，吼聲把那道裂縫給震得更開了。我身上穿的是一件細條紋T恤，大地色系，顏色的變化很微妙，是我最常穿的T恤之一。又深又亮的綠色籃球短褲貼在我的腿上，運動風十足的白色長襪驕傲地從我的愛迪達球鞋上露出來，手腕上戴著大大的卡西歐手錶。

結果，她其實對我在哪裡買的沒興趣，只不過想表達那件T恤醜死了，還嫌我穿得很奇怪。她身上的American Eagle和Old Navy無袖小背心、帽T、牛仔褲，讓她成為學校裡那些鄙視我的女孩的翻版。光是瞥我一眼，就能讓她們皺起眉頭。

同樣的格格不入，同樣的疏離，一路跟隨我來到了兩千公里外的維吉尼亞。

「你們加拿大有百貨公司嗎？」她問。

我一時語塞，想起了卡丁車。想起那座湖，以及湖水有多溫暖。還有生氣的鴨子，海灘上冰涼的百事可樂，讓我大開眼界的冷凍巧克力棒。

我憑什麼以為這裡會有所不同？這個十四歲的「男人婆」怎麼可能融入這裡？

我們待在維吉尼亞的時候，表姐迎來了她美好的十六歲生日。她打算在她媽媽家辦一場生日派對，開車過去不遠。我也受邀出席。她很受歡迎，穿著打扮也是，因此我知道這場派對會比我參加過的所有派對都酷。我不想被嘲笑，我想擺脫這個小男孩。我想讓媽媽開心。

「媽，你能不能帶我去Old Navy？我想買女生的衣服。」我問。我家通常沒有臨時治裝的閒錢，但這次不同。這對瑪莎來說可是夢想成真。她的語調活力滿滿，彷彿充飽了電，讓我聽了很欣慰。我喜歡看見她笑。

「當然可以，艾倫，沒問題！」她笑逐顏開。

她的熱情像二手大麻菸般擴散，讓人跟著一起嗨。我們在維吉尼亞的公路上飛馳，潮溼的空氣像磚頭般砸來，始終難以適應，在肌膚貼上一層黏答答的溼氣。我們駛進一座產業園區，看起來和哈利法克斯郊區的產業園區一模一樣。大片的停車位靜候客人的到來，規劃完美得當，人人都能分到一小塊半框起來的長方形。一間間知名品牌的巨大店面，沿著大片彩繪水泥牆比鄰而居：Gap、American Eagle、Old Navy。櫥窗裡塞滿促銷和新款上市的廣告牌，自動門後傳出流行歌，就像海妖的魅惑歌聲。

媽媽停好車，朝店家走去，一路上幾乎跳起了舞，身體像螞蟻一樣高興地扭動，在停車場找到了第七天堂。當時 Old Navy 還沒進駐哈利法克斯的產業園區，而且他們家的價格又最划算。自動門在她蹦蹦跳跳抵達時滑開，她準備好撲上去。她的機會來了。

我記得我在經過女童區時投降了，粉紅色、嬰兒藍、亮片亮蔥、無袖小背心、短版上衣、低腰牛仔褲，全部攪和在一起。流行歌的旋律不停敲擊大腦，隨著「女孩力量」（Girl power）誕生而啟發的各式口號，妝點著一件件圖案T恤。

我媽從架上取下一件件衣服，每分鐘說的話都有一公里那麼長。我盯著對面的男童區，無靈魂地點頭應和。我還該做些什麼？

換上貼身的衣服，我轉身盯著試衣間的鏡子。我看見一個陌生人，也許是我之前見過的人，我很緊張，不敢說「很高興認識你」。那個人就站在那，直直看著我，直直看進我的眼睛。她上下打量我的身體，我也上下打量她的身體。她淡藍色的小背心上有一小片蕾絲花紋。緊身牛仔褲襯托出她的臀形，往上擠，擠給全世界看。套上胸前繡有 Old Navy 字樣的上衣，布料貼著我的胸前起伏，黏上揮之不去的汗水。

我就在那，像海報一樣被裱框起來，成為櫥窗裡的人形模特兒。我現在是有價值的人了。我得振作起來、成熟點，不要再那麼自私難搞。當個小淑女，讓媽媽驕傲。

瑪莎在我們開車回阿姨家的路上依然亢奮不已。我觀察她的臉。她每瞥一眼我腳旁的購物袋，就又被觸發一次，深深吸一口氣，緩緩呼出。現在她可以放心了，這不是一場夢，陀螺終究有倒下。Old Navy 店裡循環播放的那首夏季熱門金曲，透過收音機一路跟我回家：Gitchie, gitchie, ya-ya, da-da (da-da-da) Gitchie, gitchie, ya-ya, here (ooh, yeah, yeah)*。

派對剛開始時很平靜，但後來就像滾雪球一樣，變成我在珍妮佛．樂芙．休伊主演的電影中看過的那種派對。大家照理說還不能喝酒，但令人震驚的是，酒精無所不在。我不算真的喝過酒，只有偶爾啜過幾口同伴的啤酒，以及跨年夜我被准許喝的香檳雞尾酒；那種酒讓我在屋裡嬉鬧，然後沉沉進入夢鄉。那時，我的高中派對時期尚未開啟，但很快就會到來。那段時期，喝酒就像踢足球一樣，完全就是項運動。

我表姐的一個朋友醉醺醺地在我身旁坐下，問起我加拿大的事。

「你們住在冰屋裡嗎？」他誠摯地問。

我澄清，我們並不住在冰屋裡。他繼續向我抱怨加拿大有多糟。

家裡有大人在，只是識相地躲了起來。賓客持續抵達。音樂越來越大聲，讓人很難聽清。人潮洶湧的房間隨著嘻哈的低音節奏震動，我低頭看向自己胸前的微微隆起。我的新行頭並未搖身變為我一心期盼的萬靈丹。雖然層次變輕，不舒服的感覺卻加重了。

也許只要我繼續努力，繼續練習，總有一天會成功。對，我只是需要努力，這是一種選擇。

沒想到，等我回到哈利法克斯，走進學校大門時，哇，真的成功了。學校的辣妹們馬上讚美起我的衣服。我的 Old Navy 牛仔褲緊緊貼住雙腿，小背心下裸露出大片肌膚。在女生更衣室的時間不算的話，這是我進學校以來露最多的一次。

「你的上衣超好看的。」

＊出自〈果醬女郎〉（Lady Marmalade）一曲。原唱為美國歌手佩蒂・拉貝爾（Patti LaBelle），後被電影《紅磨坊》（*Moulin Rouge!*）翻唱而爆紅。

我就知道行得通，我偷偷得意。我可以拿下這場比賽。

「你屁股很翹耶。」經過轉角的凱蒂說。她回過頭來，隱隱約約笑了一下，頭髮也跟著在笑。我希望她喜歡的是「他」的屁股。

「現在，你只需要換掉你聽的音樂就行了。」前往比賽的車程上，足球隊的一名朋友如此建議我。她的頭髮梳成一束緊緊的馬尾。我喜歡聽電台司令和碧玉（Björk），「你聽的音樂都好怪。」**我寧願拋棄我自己，也不會拋棄我愛的歌**。

眾人對於我在鏡中遇見的女孩的反應，正是我所期待的。那個我在維吉尼亞州里士滿郊外，在一座產業園區的 Old Navy 店裡遇見的女孩。但是，我自己對於這些關注的反應卻不是。**這些關注反倒加劇了我的痛楚，拉扯並汙染了傷口，更多的怪誕被凸顯出來**。

儘管如此，我還是無法抹去媽媽那發亮、幸福的模樣，一種歷經如此多苦難之後，世界一切恢復正常的感覺。我很想給她那種感覺，但我的新造型逐漸開始褪色，像張線條相互牴觸的圖表。

20 再靠近一點點

妮姬與眾不同。她真誠，她溫柔，她大膽。她的笑容，那抹笑容，彷彿向你張開雙臂。她有一頭濃密的紅色波浪捲髮，襯托著她的臉龐。我總是轉身回頭看她，胃啵嗶啵嗶地叫，像是跳跳糖一顆一顆地爆。我的聲帶顫抖著，奮力想擠出點什麼話；我跌進她綠色的眼眸，然後後悔所有自己說過的話。那時是十年級，我戀愛了。

她英文課時坐我後面。我認出她國中時和我一起打過籃球。她就讀冠達中學，和我的兄姐同一間。史考特和艾希莉的爸爸是那邊的老師，妮姬很喜歡他。

我想起她在球場上的樣子，因為當時，我無法將視線從她身上移開——她身上有股力量，宛如電磁產生的拉力。一些女孩在我身上產生的作用令我匪夷所思。所有人類都會散發輻射和頻率，是振動嗎？看不見的力場？

美國哲學家譚姆．亨特（Tam Hunt）在《科學人》（*Scientific American*）雜誌上發表的一篇文章解釋道：

正在振動的不同物體／樣態相互靠近時，會出現一種有趣的現象——一小段時間後，它們往往會逐漸以相同的頻率一起振動，即「同步化」。有時候，某些同步的方式看起來玄之又玄。

「我記得你叫我不要再守你守得那麼緊。哈哈。」妮姬迷人地露齒一笑。

我的心噗通噗通地跳，原來不光只有我記得那一刻，記得那場比賽。那不僅是我一個人的回憶，她也記得我。

從那時起，我總是直直走到某個離她很近的位子坐下，找遍各種理由看她。她穿著襪子搭配勃肯鞋和寬鬆的毛衣，笑聲該死地迷人，感染力十足。她的幽默感把我吃得死死的。

「背心真是救星，解決了手臂很熱、胸卻很冷*的老問題。」她面無表情地丟下一句，是在講她的羽絨背心。我大聲地笑，發出咯咯聲。一陣無法控制的衝動湧上心頭，情緒漲得快要爆炸，整個人快要燒起來。我這是怎麼了？

糟糕，我太嗨了。她八成覺得這人很煩吧。下次要酷一點，酷、一、點。

我很想和她變得更熟，想要把桌子挪到她旁邊。我完全被她迷住，為她神魂顛倒。

儘管我內心這麼想，我還是跟男生在一起。學校裡有個可愛的男生，他有一頭暗金色的頭髮和一張有趣的臉，眼神凌厲，下顎強壯。我並沒有真的很喜歡和他接吻，但我享受那種冒險的感覺，享受那種可能性，也許我可以喜歡男生？國中那時，我們在一起的時間並不多，但新環境的威脅感讓我們不知不覺互相依賴；又或許，他只是想要有人幫他口交而已。

我們總是偷偷躲去校園隱密的角落廝混。我們會在女子足球室親熱，那裡是我和隊友上場練習前準備的地方。房間因為塞滿用臭了的護脛和激烈爭鬥後亟需清洗的制服而臭烘烘的，瀰漫著一股汗餿味。裡頭亂得很，角落放著一塊很大很厚的藍色軟墊。

我們躺在軟墊上，親熱、撫摸、磨蹭。

我和他一起上法文課。儘管我媽精通雙語，但法文一直是我最弱的一科。她沒有從小和我講法文，這讓我有點氣惱，學得很吃力，語言從來就不是我的強項。因此，我很高興找到一個逃避上課的理由，尤其這理由還有點祕密行動的味道。他會坐我後面的位置，傳紙條給我。

「男生廁所見。」

＊原文為「cold chest」，有雙關之意，暗指女生胸部扁平。

他舉手，老師點點頭。

他用法文說：「我可以去廁所嗎？」

老師用法文回答：「可以。」

我的愛人起身離開教室。我稍微等了一會兒，然後舉起手。

「我可以去廁所嗎？」換我用法文說。

「可以。」

我走出教室，向右轉進空蕩蕩的走廊。他站在廁所外面，帶著一種討人喜歡的自信，但又無法掩飾他的緊張。廁所沒人，寂靜無聲。我們躡手躡腳進去，竊竊私語，然後飛快躲進一個隔間，調皮地對視傻笑。我們激烈地貼上雙唇，他的手抓上我的胸，讓我的乳頭硬了起來。他在褲子腰間摸索，拉開拉鍊，掏出他已經完全硬起來的陰莖。他往手上吐了口口水，讓陰莖潤滑，搓弄著它，直到我接手。

「你可以幫我吹嗎？」他問，擺出乞求的眼神。

我跪下，握住他的陰莖，嘴巴湊上去，張大，邀請它進入。

我們的課外活動多半都以他的快感為主。

我們一前一後回到班上。他先，再來換我。

我想打入妮姬的小圈圈，但沒有，差得有點遠。

心中的種子

我在法文課的逾越行徑逐漸減少，刺激褪去，快感抵不過風險。我總不能每堂課都在同個時間去廁所，否則很快會被老師識破。去足球室隔著衣服磨蹭也不再誘人——我已經厭倦了，感到麻木。為什麼我就是沒那麼有感覺？我很想知道答案。身邊那些垂涎、性衝動、男孩、女孩……**其他人是不是也都在假裝？**

我和妮姬的關係越來越舒服自在。從普通之交進展到彼此陪伴，雙方都渴望能更親近對方。我的迷戀更深了。她坐得離我很近的時候，我會忍不住揣測她是不是故意的？她笑著捏捏我的上臂時，我會猶豫，也許我該笑著摸回去？我會吃吃地笑，然後迅速碰一下她的肩膀。感覺像是一種新的溝通方式，一套變相的摩斯密碼。我沒辦法當面說出這些話，所以我的身體尋覓起別種方式轉述它。

妮姬十八歲生日那天，我跳上腳踏車穿越城市，心情澎湃難抑，要去送卡片給她。卡片正面畫著兩個女人在說話，交換著某種暗示，某種女同志的暗號。真希望我能想起是什麼暗號。我是在市中心的「餅乾商行」選物店買的，是城裡最初幾間（如果不是第一間）時髦的服飾店。我們愛死那地方了。

我能說出自己想要的是什麼嗎？我不知道。整個過程感覺沒多想，就這麼發生了。我買了卡片，寫了卡片，飛快騎車穿越城市，把卡片和禮物一起交給她。出發前還先用厚厚的諾基亞（Nokia）手機傳簡訊告訴她我在路上了。大腿用力，奮力向前推進，又再次感受到那股振動。我恨不得能騎得再快一點。

我見到了她，遞出卡片。她用雙手拿著白色信封，低頭凝視著。汗水順著我的胸部中間滑落。妮姬拆開信封，被卡片逗笑，然後我遞給她赫曼・赫塞（Hermann Hesse）的《流浪者之歌》（*Siddhartha*），我最愛的書之一。

她抱了我一下，謝過我送的禮物，然後回去繼續過她的一天。我轉身離開的那瞬間，突然感到一陣丟臉。這感覺跟我十六歲那年愛上一名拍片結識的三十幾歲女子的心情很像，我為她混錄了一張唱片，寄放在德雷克大廳等她拿——德雷克是多倫多的一間時髦飯店。等我走了十五分鐘的路，回到死寂的黃色小房間時，我陷入混亂。該死，我做了什麼？我衝下樓，繫好鞋帶，飛奔回去。外頭下起了雨，我全力衝刺，內心滿是羞恥。不不不不。我氣喘吁吁地繼續前進。沒問題的，衝進去，把唱片拿回來，沒人會知道。

我焦急地等待前一位客人辦好入住。快點、快點。

「你好，我剛剛在這寄放了要轉交的東西，但我想拿回來……」

「哦，她剛才正好回來，把東西領走了。」櫃檯一位髮型很酷的員工說。

她現在也許正聽著〈獻給十七歲女孩的頌歌〉，覺得暗戀她的我很可愛。我簡直快要吐血了，我的心自己溜走，衝去廁所。

「謝謝你挑的歌，我很喜歡。」下次再見到我時她說。她臉上掛著溫柔的笑，低頭盯著我，彷彿在無形中拍拍我的頭說——真可愛。

我祈禱這次會有所不同，但其實不抱太大期望。

我和妮姬繞著我們之間的曖昧徘徊、閃躲。我們經常混在一起，有時感覺很浪漫。我幾乎能肯定不是只有我這麼覺得，但也有可能就是我一廂情願，也許只有我是同性戀。

我還記得在幽谷公園（Dingle Park），我們一起坐在她媽媽的白色豐田 Camry 車裡，還不想開車回家。夕陽正在西下，即將讓位給夜晚。我們坐在寂靜中，盯著遠方的海灣看。我以為我們可能會接吻。最終，太陽從地平線的一角眨了眨眼，說起最後的道別。我對她微笑，她也回以微笑。我還記得她當時看起來有多美。我聽得見自己的心跳，暗自祈禱別被她聽見。幾拍過後，我們兩個深深呼出一口氣，又一次避開，各自別過頭面向前方。我們在車裡一直等到夜幕降臨。

我們的友情藏了許多這樣的時刻，隱密而無以名狀。還有一次，我們在她家後院的小樹屋互相依偎。是最經典的那種樹屋，全是木頭，僅開了一扇小活門。這是妮姬的爸爸幫她蓋的，他在她八歲時去世。

我們抽著大麻，在蟋蟀的伴奏下天南地北聊天。她家一片漆黑，只有客廳透出光線，她媽在裡面看電視，注意力被閃爍的螢光吸走。我們的臉貼得很近，妮姬直直看著我，我也看著她。時間彷彿靜止了，我們的嘴角牽出一抹若有似無的笑。我們動也不動。

再靠近一點點，我對自己說。只需要再靠近一點。

但我沒有，她也是，而那瞬間就這樣一閃而逝。我們爬下樹。

有太多次，我所需要的只是再靠近一點點：**向她靠近，也向我自己靠近**，但我做不到。而最終，我便錯失了機會。有一天晚上，我們躺在她的床上聊天。她用手摟著我，讓我靠在她懷裡，是我們有史以來最親密的一次。我抬頭，用一個全新的角度看她。她望著天花板，脖子伸展開來，下巴驕傲地指向半空。妮姬將視線轉向下，頭跟著低下來，這對她來說也是全新的視角。她的嘴唇粉嫩而飽滿。我想把它含在嘴裡。

「妮姬？」門被打開。

我們立刻分開，拉開我們之間的距離。來不及了，我們已經被逮個正著。

我們慢慢疏遠。不久後，學校音樂劇的男主角邀請妮姬一起參加舞會。他又高又帥又受歡迎，和每個人都是朋友，是那種不需要轉換人設，就可以在各種團體和小圈圈中來去自如的人。他很有才華，聰明、風趣……令人嚮往。

妮姬答應了。得知消息的那刻，我感覺心都碎了。那年稍早的時候，她和我曾隨口說好一起參加，那隱密的記憶就像其他時刻一樣煙消雲散。不過，還是有一小部分的我相信我們會在一起。我想要大吼大叫，想要她跟我走，想說我愛你，卻什麼也說不出來。別人的脣貼在她脣上的畫面，在我身上激發了一種新的感覺。嫉妒之情在心臟鼓舞下現身，在我體內反覆循環。

我和妮姬並未完全斷了聯繫。多年後，她告訴我她也有同樣的感覺。

我埋怨我們被騙失了愛，埋怨我們心中美麗的衝動被偷走。我很氣那些未經同意就在我們心中種下的種子，也氣那些聲音、那些行為，讓我們邁向真實的道路變得過於殘忍。她至今還留著我送給她的《流浪者之歌》，內頁的題詞寫著——

妮姬：

我不太擅長用文字表達感情，或分享我的看法。在你十八歲的這天，我只想讓你知道，我真的覺得你很棒。我對你充滿了愛與敬意。你要對自己好一點，也要知道，無論你想聊什麼、或不想聊什麼，我都在這裡。我希望你會喜歡這本書。它在我的生命中扮演了很重要的角色，願它能像觸動我心那樣觸動你。我身邊很少有像你一樣的人，那麼熱情、善良、幽默風趣。我希望你能擁有世界上所有的平靜與愛，因為你值得。

愛你的，艾倫

21 坦蕩的存在

我這輩子親吻的第一位女孩在「賀康」上班，那是哈利法克斯購物中心美食街裡的一間店，專賣果昔、沙拉和三明治。那時的我為了完成高中學業，而從多倫多回到哈利法克斯，暫時放下演戲，休息一下。那女孩名叫潔西卡，總是穿得一身黑，她那黑色的短髮酷似當時冉冉崛起的加拿大樂團新星，泰根與莎拉（Tegan and Sara）。只要一靠近她，我整個人就會進入焦慮的興奮狀態。並不是因為我暗戀她，而是因為我知道她也是酷兒，正是因為如此，所以我必須靠近她。我發現自己總是在找她。

我會自己一個人騎腳踏車去購物中心，點購某款三明治，在她製作食物時盯著她的手看。我會彆扭地打招呼，然後說不出話來，瞄見抓起醃黃瓜的她露出淺淺的微笑。我努力讓自己不要笑。我會找一張空桌坐下來吃，然後一聲不響地離開，只不過想見她一面，想更靠近她的酷兒氣場一點。如果那天她沒上班，撲空的我會很失望，但同時又鬆一口氣。難道是種強迫症？我繼續點購那些三明治來吃。

最後，我們終於單獨相約。我猜，潔西卡主動約我是因為我看起來很害怕，緊張到直發抖。我們在夕陽下沿著春園路（Spring Garden Road）往港邊走，只有老天才聽得懂我在說些什麼。我們在快要踏上巴靈頓街（Barrington Street）前停下腳步，停在聖瑪麗大教堂（Saint Mary's Cathedral Basilica）前方。那是一座雄偉的石造教堂，擁有全北美洲最高的花岡岩尖頂。

她轉過身來，我們站得很近，凝視著彼此。高聳的哥德式尖塔在上頭虎視眈眈。一片沉默。她吻了我。我們的嘴唇相觸，我瞬間短路，大腦的彈性還不足以應付正在發生的一切。我猛地一退，拉開我們的距離。呼吸變得急促。

「我得走了，」我說，「我很抱歉……」

我捏了一個蹩腳到可笑的藉口。

「哦，好吧。」她說。然後我迅速逃離現場。

那是我和一位女孩的初吻，而我竟然逃離現場。直到今天，我每想起那一幕還是覺得無地自容。畢竟我才是那個日復一日跑去美食街，看她小心翼翼把醃黃瓜放上三明治的人，然而一個吻就讓我潰不成軍，留她獨自站在大教堂的台階下。儘管我完全沒有信仰，但內心深處還是不禁懷疑上帝是否有看見，懷疑我是否犯了罪。

那年稍後，經過許多個沒有三明治的月分，以及許多尷尬的沉默之後，我去同學家參加一場派對，現場擠滿了喝酒跳舞的青少年。我看到潔西卡。我喝醉了，下定決心這次絕不落荒而逃。我們在客廳角落的同一張大椅子坐下。一隻大隻的黃色拉不拉多不停跑過來找我們。有些什麼不一樣了。我不一樣了，我沒有崩潰，也沒有顫抖。我們接吻了，而且這次的吻一點都不短。我沒有退開，反而向前湊。我的舌頭找到了她的，互相探索著，隨著音樂移動，在我們嘴裡起舞。我感覺到她的手伸向我牛仔褲頭最上面的釦子。

「可以嗎？」

「可以。」我點頭回答。

她的手指滑進我的褲子裡，撫摸起我。

「你好溼。」她說。

確實。我以一種新的方式被挑起性慾，享受到那種快感。

在此之前，我只能靠著自己來才能達到這種感覺。我的身體顫抖著，恨不得此刻只有我們獨處，但其他人的身影讓我們瞬間清醒過來。

和潔西卡的接觸改變了我。在我長大的過程中，身邊幾乎一名酷兒也沒有，是她，一**個成功克服羞恥與恐懼，自豪地活著的人，幫助我發現真正的自己**。在人行道上偶遇她，在派對上見到她，在購物中心吃她做的三明治捲；我並沒有暗戀她，但我渴望靠近那種可能性。**對當時的我來說，她坦蕩的存在就像是全世界**。

如今，我行走於世界時，經常想起這段回憶。

22 別闖陰陽界

「不會有問題的。」動作指導安撫我們。

「你不綁安全帶比較好。」有人對科蕾西說。

當時我們應該要拒拍的。應該打電話問人，至少說點什麼，然而，我們早就被制約了。拍攝非常燒錢，時間分秒必爭，尤其是像這樣充滿動作場面的夜間拍攝。太陽是會升起的。

那是二〇一六年的夏天，那場爛透了的大選前夕。我當時正在拍攝一九八〇年代邪典片《別闖陰陽界》的翻拍版，關於五名醫學系學生進行一項高風險實驗的故事。為了製造瀕死經驗，他們讓心臟短暫停止跳動，也就是進入「死亡狀態」，直到被同僚救活。想也知道，實驗鐵定會失控。原版電影是由茱莉亞・羅勃茲、基佛・蘇德蘭（Kiefer Sutherland）及凱文・貝肯（Kevin Bacon）主演，而我有幸能在翻拍版中與一群頂尖的演員合作——狄亞哥・盧納（Diego Luna）、妮娜・杜波夫（Nina Dobrev）、詹姆士・諾頓（James Norton）與科蕾西・克萊門斯（Kiersey Clemons）。

出色的演員陣容，經典的邪典電影，照理說注定要成功，卻出了岔子，成了打從一開始就糟到沒藥醫的那種電影。

我們正在為一場汽車特技戲做準備。我和科蕾西發現所有人身上都綁著隱藏的厚安全帶，只有我們兩個沒有。我們不知所措地看著一群特技工作人員幫其他人繫緊安全帶，質疑為什麼我們不用。「為什麼其他人都有安全帶，而我們沒有？」

科蕾西倒在後座，趴在狄亞哥身上，我則擠在詹姆士的大腿上。沒有固定裝置，沒有任何昂貴、仔細又精緻的特技場面該有的基本安全措施，有欠周詳。

我和科蕾西什麼也沒做，乖乖上了車。我們沒有繼續多說什麼，擔心會讓自己顯得「難搞」。

那場戲從一場慌忙的逃跑開始，醫院警衛在我們身後緊追不捨。我們勉強逃了出去，一起撞開一道厚重的門，逃進地下停車場。我們衝向一台紅色Mini，擠了上去。瑪洛（妮娜）踩下油門，傑米（詹姆士）坐在副駕駛座，我擠在他腿上。後座是瑞（狄亞哥）和倒在他身上的蘇菲亞（科蕾西）。

我們在那場戲中的反應都是真的。車子是由一名特技演員駕駛，他坐在車頂上一個類似卡丁車的裝置裡。車內架著好幾台攝影機，用來拍攝我們所有人。導演不希望我們在開拍前得知有特技演員的存在。

「我不想事先告訴你們，這樣才能讓你們嚇一跳，抓到你們最真實的反應。」他說。起初我們很興奮，我們從沒見過這樣的特技裝置，沒看過一個人被固定在車頂上。我到現在都還不知道那是怎麼做到的。

我熱愛刺激。我是雲霄飛車的狂粉，瘋狂的程度是會逼旁人看我最喜歡的雲霄飛車第一人稱視角影片。有朋友說我是「六旗魔法山樂園（Six Flags Magic Mountain）市長」。我經常帶朋友去玩，扮起導遊，還會事先排好要玩的遊樂設施順序。

在遊樂園裡，你會被固定在椅子上，工作人員會在一排排座位間來回走動、推拉，檢查各種安全帶和護欄。他們會大喊一切準備就緒，然後你就出發了。這些遊樂設施讓一切體驗成為可能，讓人心甘情願臣服。上升、下降、顛倒、倒退、驟降，世界從身邊呼嘯而過，身體消失不見。雲霄飛車一趟平均兩分鐘，在那近兩分鐘的時間裡，它創造了一個喘息的空間，讓我能盡情釋放一切。

這場戲卻不一樣。

一開拍，那輛車便以驚人的速度駛出昏暗的地下停車場，朝出入口的升降柵欄衝去。柵欄並未升起，直接撞上擋風玻璃，強大的力道讓玻璃應聲碎裂。我的心臟大力狂跳，緊咬著下顎。我們震來盪去，駕駛沿著斜坡一個向上猛衝，把我們的身體往後一推，並在另一輛車飛馳而過時猛地轉彎，開上一條路。車頭又一個急轉彎，左側的兩個輪子輾上分隔島，車身傾斜，我們所有人都被甩到右邊。我雙手緊抓副駕駛座前方的儀表板想撐住自己，但做不到，我和科蕾西完全無法控制自己。我們在車流中向前猛飆，車身有一半沒開在車道上，輪子重新開上水泥地時，顛簸把我們的身體給震得發疼。Mini 開到分隔島的末端，突然一百八十度甩尾，慣性將我們迅速一甩，我們連忙伸手抓住一切可以抓住的東西。

導演大喊：「卡！」我們呆坐在位置上，久久無法回神。剛才的第一個鏡次就像一陣旋風，激烈程度完全出乎我們意料。我和科蕾西面面相覷，啞口無言，盯著自己顫抖的手。當下應該要立刻抗議，但我們沒有。一連串的壓力，所有變動的要素，彷彿勢不可當。

我們回到車上，準備拍第二次。詹姆士把我的腰抱得更緊了。其他人的安全裝置也重新檢查了一遍。開始！和方才一樣，特技駕駛將紅色 Mini 衝上斜坡，右拐飆進街道。準備輾上人行道時，他出其不意地猛踩一腳煞車，把我們狠狠甩向前方，又大力地推了回來。這時，我們發現有人把車開上了拍攝用的路段。為了進行長達一整夜的車陣追逐戰，劇組封鎖了多倫多某條路的好一大段。但此刻，一輛無關的車擋在車陣中間。

幸運的是，大家都安然無恙，但我事後回想才意會過來，那場戲有多麼魯莽又危險，我和科蕾西受到如此輕率又不尊重的對待。姑且不論陌生人的車怎麼會開進不對外開放的片場，要是真的出事了……該怎麼辦？

那之後，我和科蕾西曾多次談起此事，一起反思我們為什麼沒有更早、更堅定地提出抗議。

現在回想起來，我早該明白拍這部片的過程會是場災難。早在開拍的第一週，就有人在片場走向科蕾西，走到拍攝空檔坐在椅子上的她身邊說：「要不是你是黑人，你根本拿不到這個角色。」

至於我呢，打從最初試裝的時候，我便心裡有底。我一眼就察覺他們的目的何在，要更像女孩一點。一雙雙高跟鞋和一件件裙子一字排開，令人費解。她們可是在重症病房實習的醫學院學生耶，而且電影的故事僅發生在幾天之內，我的角色根本連一套衣服都沒換。我能理解角色有其任務，也打算照做，但要讓那個角色以裙子或高跟鞋造型出場，壓根就不合理。我同意穿上花俏襯衫、緊身牛仔褲和有跟的靴子，我想這下就達成共識了。**我們解決了問題，而那個問題就是我**。

沒那麼同性戀

一兩天後，我和科蕾西、妮娜、詹姆士、狄亞哥一起進行讀本會議。我們聚在一間空蕩蕩的飯店小會議室裡。那間飯店設有附小廚房的商務套房，因此頗受電影圈人士青睞。

我們梳理了劇本，深入討論各個場景，也建立了感情。新工作剛開始時總是讓人腎上腺素爆發，燃起一股沒有退路的感覺。

讀本會議告一段落時，其中一位製片人問我：「艾倫，你能留下來跟我聊聊嗎？」

「當然。」我回答，被他的語氣嚇到。我跟大家說再見。

我們面對面坐著，中間隔著桌子，像被關在一間四面毫無裝飾的無菌室裡。

「艾倫，我跟你說，我是在一個觀念非常進步的地方長大的，」他開口，「那裡很開放，所以我從小就認識很多同性戀……」

哦不，我暗叫不妙，絕對沒好事。他的話就像彩排過一樣流暢。我在腦中想像起他反覆推演這個瞬間，勾勒這場對話的畫面，練習用微笑搭配言語，披上「友善」的外衣。

「艾倫，你是不是因為這個角色不是同性戀，所以在不爽？」他問我。

我瞪著他，沉默半晌，心情與其說是震驚，不如說是驚訝。他過去的態度一直很友善，為人沉穩又積極，是我很期待合作的對象。他的熱情在讀本會議上有目共睹，我很欽佩他的活力。我的驚訝轉變為暗潮洶湧的怒氣。

「你是因為我不想穿裙子才這麼問的嗎？」他不動聲色，繼續擺出令人火大的笑，眼神帶有一絲狡黠，但我繼續追問：「你認真嗎？你真心認為我拒穿那些狗屁裙子是因為我在生氣，氣我的角色不是同性戀？」

他一臉高深莫測地注視著我，彷彿保持心平氣和，就能代表一個人並不「恐酷」（queerphobic）。

「你對女人的觀念實在狹隘至極。」我對那男人說，好心提醒他女同志也會穿裙子。他試圖做出回應，笨拙地張嘴找尋適合的字眼。他想要挽回局面，但失敗了。

我把他留在房間逕自離開，回到攝影棚後，我直接走向一位高層的辦公室。後來我曾親眼目睹這位高層在片場擅自為一名女性按摩，讓對方很困擾。他之後也時常傳訊息給科蕾西約她吃飯，行徑噁心得很。

我走進門上寫著他名字的房間，走到他辦公桌前的椅子旁。我舉起手並彎曲手指，圈出一道僅供窺視的奈米等級縫隙。

「你對女人的看法狹隘得可以，就只有這樣，」我從洞裡看他，氣急敗壞，「就這麼該死的一丁點。」

他面無表情地看著我。我接著說下去，滔滔論起各種限制、厭女行徑、恐酷情結。多年來我所嚥下的一切，我全都掏出來讓他大快朵頤。

儘管如此，我還是以別人的需求為優先，而非自己的。我允許自己被抹去，為他們的幻滅背書，試著不要再那麼「難搞」。我知道那些上面的人在回避一些未明說的議題。我知道他們想要我看起來「沒那麼同性戀」。我要他們別管我，並再次重申，如果我照著他們說的穿，我看起來會很荒謬，和劇本不搭，也再次重申我知道自己的任務是什麼，強調我會好好做。

我很抱歉自己這麼討人厭。

我在努力了。難道你看不出來嗎？

我試著改掉自己走路的方式，不要那麼「酷兒」，手臂不要那樣垂那樣彎，雙手不要那樣擺；試著擺脫我那「不淑女」的坐姿，就像我爸爸常嫌棄的那樣。

語氣柔和一點，話少一點。

不能讓整個畫面都是我那惹人嫌的樣子；「男孩子氣」的那些，「女同志」的那些。我知道。

我一直都知道。

幾天後，我去攝影棚進行一場試鏡。這種試鏡與甄選時的試鏡不同，比較像是鏡頭測試——要像平時一樣上班，要去做頭髮、化妝、討論造型，討論從哪裡著手、角色的心境轉變之類的。我面對鏡子坐著，上好了眼線和睫毛膏，鏡中的我看起來像道難解的謎。我不想看，因為我不在那裡，期待自己有一天能出現在那裡的希望也消失了。

無論是小時候還是長大之後，我都會把臉貼在浴室的鏡子上。我上一次這麼做是在拍攝《雨傘學院》第二季時的拖車上。我睜大眼睛瞪著看，盡可能地往鏡子湊近，睫毛時不時掃過鏡面。我可以將自己阻擋在外，我是一個陌生人。我會凝視著感覺像是宇宙的東西，我的眼睛就像顆獨立的星球。我一定在那裡的某處，我心想。

我換上衣服，試穿一套套我們終於定案的不同造型。我從休息室走到片場，和許多工作人員相見歡。現場已經打好了光。我站去標記好的位置上，聽從指示慢慢轉動身體。正面，慢慢轉，側面，慢慢轉，背面，慢慢轉，另一側的側面，慢慢轉，正面，換鏡頭。廣角變中景，再轉，中景變特寫，再轉。

我站在攝影機前，等待他們做一些微調，愉悅地和第一次見面的工作人員閒聊。我當然不太滿意我的造型，但這種程度的妥協我還應付得來。我很慶幸我們達成了共識，**慶幸我為自己挺身而出，我很慶幸自己沒有默默忍氣吞聲**。

一位製作人堆起大大的笑容走向我，手上拿著手機。他把手機舉到我面前，秀出螢幕上的照片……是我的照片。他滑起 Google 圖片搜尋頁面，緩緩地瀏覽，好像我從未看過自己一樣；不過，我想在某些方面確實如此。所有照片都有一個共同點：長捲髮。

我腦中浮現他手指打字的畫面——艾倫．佩姬，長髮。

「製作組在考慮幫你接髮。他們覺得長髮能讓你看起來更……柔美。」

「聽起來怎麼像是規定？怎麼想都是。」我抗議。

我髮長及肩，根本就不算很短。這個角色不「柔美」，她也不應該看起來「柔美」，不管那究竟是什麼意思。

「製作組只是認為……」他看回手機，往下捲動後出現的是我的臉，那些臉配上的長髮、妝容、環繞眼睛的睫毛，讓空洞感更加突顯。宛如一份幻燈片，一張蒐羅了他們所要的「柔美」、「漂亮」的靈感範例。

「我知道自己長什麼樣子。」我說，然後走掉。我從來沒有就這樣走掉過。我真希望自己當時就退出這部片。但我沒有，我打給當時的演藝代理，對方很能理解，對製作組發了一場飆。我很感激經紀人這麼做，讓我感覺被重視，而不是叫我算了。我幾乎從來沒有考慮過直接走掉這個選項，或是打電話給某人、拿起電話就說：「這不合理。」因為我遇過太多次了，而那些本該保護我的人什麼也沒做；如果真要說他們有做什麼，也只是讓我更噤聲罷了。

23 我的性別不安

別人總說我是同性戀，拿我是女同志這件事開玩笑。我和酷兒女性相處起來的確更自在，但在內心深處，我知道自己是跨性別。一件我始終明白，但無以名狀，也不允許自己接受的事實。

「我從來就不是女孩，也不可能成為女人。我該怎麼辦？」我曾經這麼說，一直都在這麼說。

第一次在意識上超越推測，清楚認知到自己就是跨性別的時間點，大約發生在三十歲生日前後，幾乎是我公開以跨性身分現身的四年之前。

「你覺得我是不是跨？」我問過一位摯友。摯友回答得有些猶豫，因為知道沒有人可以為另一個人下這個結論，但還是用一種意會的眼神看著我說：「我大概看得出來⋯⋯」一股堅毅綻放出光芒，一道光從門縫下透了進來。

還發生過一次，而且不是由我自己開口的。我辦了一場小派對，有的賓客跳進泳池，有的擠在戶外家具上。我和我的朋友史塔兩個人單獨坐在露台敘舊。我們是在錄製《同志假期》第一季第四集美國篇時認識的。

我們在舊金山一家由跨性別女性經營的診所採訪了史塔。她是那裡的員工，為LGBTQ＋族群中那些接觸不到醫療資源的人提供醫療照護和協助。那間診所後來不得不搬遷，因為X公司（前身為Twitter）買下了它所在的街區。

我和史塔一拍即合，以一種彷彿能瞥見未來的方式，一個很有緣的開始。我們後來繼續保持聯繫，成了好友。史塔吃過的苦頭、遇過的挑戰遠比我多，但她還是騰出空間給我，支持我、看見我。我還記得第一次聽她的同名專輯《史塔》時，就被她的嗓音給迷住。她的歌〈傷心人〉（Heartbreaker）的歌詞在我腦海中循環播放了好幾週：

我不敢讓自己感覺太美好
我怕得要命，怕你知道後會離開我
我不敢讓自己感覺太美好
我怕得要命，怕你知道後會離開我

我們坐在一張特大的椅子上，水花聲和音樂在背景夾雜。我們聊到性別，我向她坦承我有多麼不適，就連在扮演角色時，我也沒辦法再穿上女性化的衣服。我聊到夏天有多難熬，因為無法用一層層的布料遮掩T恤下的胸部，逼我不停伸長脖子偷偷往下瞄。我會穿上襯衫，駝起背。走在人行道上時，我會瞥向櫥窗玻璃確認自己的側影，大腦焦慮過載。我必須避開倒影不看。我無法看我的照片，因為我從來就不在裡面。我感到很反胃，我不想待在這，我想要被抬離這裡——**性別不安正在一點一滴壓垮我**。

「不過就是個角色而已，你是演員耶。怎麼會抱怨這種事？」人們會這樣說。

「我就願意穿裙子。」一位順性別直男曾經故意和我爭辯。我不停試圖解釋我所面臨的困境，但他也滔滔不絕發表著沒人想聽的高見，同時責怪我「太情緒化」，我滿確定他使用的是「歇斯底里」四個字。

這些話語觸發了自從我有記憶以來便根深蒂固的恥辱。同時，我也很困惑，否定起自己的經歷。為什麼我會如此痛苦？為什麼就連只有一丁點女性化的衣服都讓我想死？我是演員，這不該是個問題。我怎麼能如此忘恩負義、像個混蛋？

想像一下你穿著一套史上最不舒服、最丟臉的衣服，你在皮膚下局促地扭動。衣服很緊，而你想把它從身上剝下來，撕掉它，但你無法。日復一日。而倘若人們得知衣服底下的東西，看見那個沒有苦痛的你，羞恥便會溢出，多到抓不住。那個聲音說的沒錯：你理應受到羞辱，所有人都唾棄你，你太情緒化，你很假。

「你覺得你是跨嗎？」史塔直直看著我的眼睛問。

「應該吧，我想是，沒錯。我覺得是。對。」我們交換一個淺淺的笑。就差一點點。幾乎就快碰到了，但我亂了方寸。而它就像我的大麻菸一樣燃燒殆盡，成了被遺忘的菸灰缸裡漸漸腐化的菸屁股。一想到我得在一個充滿恐跨氛圍，有力人士和組織積極攻擊跨性族群的文化裡，公開經歷這段過程，這一切就變得難以承受。

這個世界告訴我們，我們不是跨性別，只是心裡有病。這個世界說我自認當女同志太羞恥，說我殘害自己的身體，說我永遠都會是女人，拿我的身體和納粹的實驗做比較。**跨性別者才沒有受病痛所苦，而是社會助長了這股仇恨**。演員兼作家珍．理查茲（Jen Richards）說得好：

十年前那場性別重置手術讓我的生活變得特別超現實，比以往任何時候都更快樂、更健康，與朋友及家人之間的關係更緊密，成為一名更好、也更積極參與社會的公民，甚至，生產力也提高了……接著卻發現陌生人將我的選擇病態化。我的跨性身分幾乎很少被提及。這只是發生在我過去的一件事實，對我現在的生活幾乎沒有影響，只有讓我成為更具同理心，也更熱中於參與社會正義議題的人而已。這樣的選擇怎麼會傷害別人？為什麼我內心的平靜需要遭到謾罵、暴力和保護？

我和史塔坐在泳池畔，雖然我還無法完全觸及真相，但已經可以在不嚎啕大哭的情況下談論我的性別。有進步了。我花了很長一段時間才終於開口吐露心聲。每次在諮商時間提起這個話題時，我的反應都很激烈，泣不成聲。

「為什麼我會有這種感覺？」我總懇求，「這種不曾消失的感覺是什麼？我怎麼會老是這麼不舒服？我怎麼會擁有這樣的人生、活在這樣的痛苦中？」

三十歲生日不久後，我的態度一百八十度大轉彎，我放棄了，不再談論這個話題。我閉上眼睛，將它藏起來，藏在我永遠找不到的地方。必須再過四年，我才會揭露真實的自我。

差不多就在這段時間，我遇見了艾瑪，我的前配偶。認識艾瑪讓我將這個問題拋在腦後，成為一段模糊的記憶。我瘋狂地墜入愛河，那股能量無庸置疑，單是一個擁抱就能讓我全身顫抖。我全身全心投入這段感情，於是很快就結婚了。

如果你身上某個部分總是斷裂的，如果這副皮囊令你痛苦不堪——愛會是一種無法抗拒的逃避。愛讓人感覺超然，這種感覺是如此無法言說，以致哲學家、科學家和作家無法針對「它究竟是什麼」達成共識——如果它真的是什麼東西的話。我常常在想，我真的嘗過深愛的滋味嗎？我覺得我好像經歷過，但假如你不曾體會，那它會是真實的嗎？當你麻痺自己、對真相麻木不仁的時候？

愛情往往在無意識間成為一種情感的偽裝，而我與愛的關係又是另一塊有待改造的肌肉。我並不想消失。我想存在於我的身體裡，帶著這些新的可能性一起。可能性。也許可能性正是跨性別族群因為缺少能見度而失去的生命關鍵要素之一。**我們失去了選項，從想像力中被抹去。我們花上永恆，企圖打破社會所灌輸的觀念。解構的過程很痛苦，但它會引領你找到自己**。

處於婚姻關係的那段期間，我怠慢了心理諮商的進度。二〇一八年底，我們從洛杉磯搬去紐約後，我更是幾乎中斷了諮商。直到兩年後我們的婚姻觸礁，我的性別不安也急遽惡化，我才在紐約重新找了諮商師。我準備好開口了。

要找到適當的字句訴說很難，但我還是說了。**彷彿那些字句自己動了起來，蠕動爬出我的身體，傾洩而出**。我的身體知道，我的內心深處也知道，有些東西已經變了。不是現在，就是永不。不是生，就是死。

24 出櫃之後，真正愛過

二〇一四年以同志身分公開出櫃後，我在腦中寫下了一份清單，列出過去無緣體驗的經歷，以及一些無論想不想要都該去嘗試的活動。我在這世上找到了急速增長的輕鬆自在，找到一種自信。雖然我不是最終非得抵達這種狀態不可，但長久以來頭一遭，我感到勇敢，貨真價實的勇敢。**當時，在人生的那個節骨眼，我其實不認為出櫃是一種選擇，反而更像是別無選擇。我只能選擇成為真實的自己，否則就是坐以待斃並死去**。在某個地方，內在，很深很深的地方，有個東西正在膨脹——一個聲音。一個將近七年後會再次低語的聲音。

這是你的人生。你不必相信他人的故事。那是他們的說法。這是你的職涯。你為什麼要贊同他們？相信他們？他們不是正確的那方。老實說，他們錯了。你不相信他們。這不是正式彩排。這是你的人生。

因為「萊恩」而心碎的不久前，我看了一部令人痛苦、憤怒，卻精采絕倫的紀錄片，《神愛烏干達》（*God Loves Uganda*），由總是令人驚豔的羅傑．洛斯．威廉斯（Roger Ross Williams）執導。這部紀錄片探討了美國福音派基督教會在烏干達扮演的角色，以及他們和當時一項推動中的法案〈烏干達反同性戀法〉之間的關係。這項法案建議對LGBTQ＋人士處以死刑，而且聲量越來越高。片中講述了傳教士和福音派領袖的觀點，以及烏干達LGBTQ＋族群為了生存權而鬥爭的故事。

這些社運人士挺身抵抗那些邪惡又壓迫的教條及觀點，這些概念打從自西方傳入後，便持續擴散、惡化。來自美國的傳教士以「善行」為幌子，打造了用來灌輸百姓觀念的基礎設施，進而助長了反LGBTQ＋的暴力與仇恨風潮。這些社運人士原本沒有義務要做這些事，但現實情況讓他們別無選擇，他們無法置身事外。他們所面臨的後果極端又殘酷，很大程度肇因於美國福音教派所出口的那些反LGBTQ＋的教義與社會教條。而在美國，那些最脆弱的人也面臨著相同的處境，只不過掩飾得更好罷了。在某些人心中，像我這樣的人登上主流雜誌封面，鐵定意味著天下一切太平。他們還有什麼好抱怨的？粉紅清洗（pinkwashing）＊真有效。

艾倫，你看看這些人冒了多大的風險，面對多少阻礙。你真是個膽小鬼，我這樣罵自己。我感到有必要舉發自己，罵自己怎能如此自私混蛋，尤其是為了維護自身的舒適與特權的時候。也許我對自己太苛刻了，因為這條路實在多舛又顛簸，差點把我摔出去，我怕極了，陷入深深的自我厭惡。我可以一邊抱持著這種想法，同時一邊體認到我所擁有的一切是多麼美好。這種體認只會造成一種效果，那就是強化行動的必要性、關心的必要性，啟發人們做出正確的選擇，去做不舒服的選擇。**勇敢站出來不僅僅是為了個人；我之所以有辦法出櫃，也是因為我站在了其他無數人的肩膀上，那些沒有機會擁有我所擁有的人，那些不會登上雜誌的人。**

「告訴大家你是同志，這樣就好，你可以的。」我對自己說。

出櫃並不容易，現在想來還真是一趟驚險之旅，但我想我們（或者只有我）都忘了過去十年來世界變遷的程度（及僵固不變的程度）。從一開始，我坐在諮商師的診間裡，認定以酷兒身分出櫃是件不可能的事，到現在，我對於自己怎麼能忍受這些爛事這麼久，對於「把酷兒性向藏好」成為一種常規，感到既困惑又憤怒。在這種常規下生活，痛苦便是無可避免的產物。這股痛苦不僅活在我的心智裡，更在我全身上下遊走，從內部吞噬我的

＊指某一政權或組織在表面上打著支持LGBTQ+權益的旗號，實則是為了掩蓋自身犯下的負面惡行。

身體，將我壓制在地。

我已經養成了一種習慣，必須將自己狠狠推到極限，推到幾乎跨越邊緣，才總算能解決我的「感覺」。除此以外，還得同時坦承自己就是有感覺。然而，即便是在我最低迷的時刻，內心也有非常一小部分的我逐漸變得清晰。一道破口，脆弱而難以捉摸，它瞬間就湧了進來，迅雷不及掩耳。抓住它。一個悄悄等待的耳語說：閉上眼睛，踏出去。

出櫃後令人震驚的一點是，世界並未毀滅，我的生活也得到改善。而現在，我的胸前口袋多了這項經驗做為參照。**如果你連這個都能做到，就沒什麼好怕的了**。我喃喃自語。

有一次，我沿著一〇一號國道向北開，準備和某個人分手，我聽起自己的出櫃演說，努力克制自己不要吐血，瞬間領悟到——如果你連這個都能做到，就沒什麼好怕的了。尷尬，但有效。

第一次的一夜情和公開約會

這段時期充滿了許多第一次，也有很多大膽的新發現，同時成了我人生中（或許並不意外）最放蕩的一段時光。

那時候，我從來沒試過一夜情，甚至也極少隨意跟人上床。我沒參加過相親，也沒公開約會過。我很想要這些東西、這些冒險，哪怕這些東西是尷尬又混亂的，是不明智或超出我能力範圍的。說來神奇，我突然之間能和女人交談，也能調情了；我長出了一種新的自我肯定，這是我長久以來的目標，是我一心嚮往的能力。我變得直接，不去擔心可能會被拒絕。心生膽怯或猶豫的時候，我就硬著頭皮逼自己繼續。繼續聊就對了，淺笑，一個可愛的沉默。

我第一次的一夜情就是我這輩子唯一一次的一夜情，直到今天都是。她是我和萊恩分手後第一位上床的對象。那時，心碎到麻木的我，和朋友夏儂約在銀湖區日落大道上的一間酒吧，我們通常都約在那裡擁擠的戶外露天座碰面。藤蔓盤繞在高牆上，上竄的香菸煙霧也跟著盤踞於四周。我們啜著加了蘇打水和檸檬的龍舌蘭。我祈禱一兩杯龍舌蘭下肚能讓我更麻木。朋友不曉得我有多心碎，我沒辦法告訴她。我談了一段近兩年的戀愛，但她並不知情。

我往旁邊挪，讓出一些空位給一名女子坐。她有一頭棕色的長髮和一雙好奇又俏皮的眼睛，配上一抹調皮的笑容。

「嗨。」她說，在靠我很近的地方坐下。

她看起來已頗有幾分醉意，難道是故意靠過來的？「嗨。」我回她，一邊的嘴角牽起一抹難以察覺的微笑。

我們以一種未經計算的、理所當然的方式聊了起來，是聊到一半你會覺得有點困惑，為什麼能和一位陌生人聊得如此輕鬆的那種。她很性感，她在跟我調情，我也回敬。此時另一個朋友抵達，不久後，夏儂便和這位朋友先走了，讓我能把全部的注意力轉回我和新朋友的談話上。

我們沒有什麼共通點，但那不是重點，我猜我們彼此都心裡有數。我們坐得越來越近。時間一分一秒過去，直到我起身去洗手間，並準備幫我們再點一杯飲料時，我才終於報上我的名字，並問了她的。

「萊恩。」她說。

「什麼？」

「萊恩。」她又說了一次。

我以為我聽錯了，以為像是電影中突然插入的畫面——是角色在想像。不是。她有著同樣的名字。該死，她跟她同名。

我擠在時髦的人群中，朝洗手間移動。我排進隊伍，排在一位戴牛仔帽、低頭盯著手機的女人後面。

該放棄嗎？我猶豫不決。我們已經聊了一陣子，她很有魅力，我想繼續。我想跟著感覺走，我想嘗試過去所不能嘗試的事……可是，同名?!

「廢話，」我鎖上廁所的門，對著空氣說，「她當然叫萊恩。」

我脫下褲子坐下。一邊小便一邊沉思。管它的，我決定拋諸腦後，隨它去吧，詩意的壯舉！我按下沖水鈕，信心滿滿。這將是屬於我的夜晚。

我端著酒回去，但我們沒喝完就走了。她家在西邊不遠處，是一間位於老式低矮建築裡的雙層公寓，大約建於一九三〇或一九四〇年代，建築風格獨特，不是裝飾藝術風格，也不完全像工匠式風格，但絕對古色古香。我們在客廳短暫坐了一下，她直接就著香檳瓶口喝起來。離開了酒吧的愜意氛圍，她整個人的狀態變了，變得狂放不羈，從一個話題跳到另一個話題，來回踱步。後來我才意會過來……哦！是古柯鹼！我總是忘記有古柯鹼這回事。

我們上了樓，讓她可以「帶我參觀她的房間」。一進門的那瞬間，我們就倒在了床上。她的吻很猛烈，沒有暖身，我們的牙齒鏗鏗鏘鏘撞在一起。衣服開始一件件剝掉。她很霸道，她的乳房幾乎是立刻就進到了我嘴裡。我抓住它們，手感圓潤柔軟。我又吸又吞，用舌頭挑逗她的乳頭。我感覺她的乳頭在我嘴裡變硬，她呻吟了起來。

她把我推回床上，撩起身上的短裙，爬到我上面。她騎著、磨著，頭向後仰，雙手撐在我的小腿上，用伸直的雙臂把自己撐起。她挺身，對上我的視線。她用空洞的眼神俯視著我，瞳孔放大，目光直直穿過我。她把手放上我的喉嚨，隨著又蹭又撞的身體又掐又壓，那雙嗑茫了的雙眼冷酷地瞇起。

好哦。我是不介意有隻手放在喉嚨上啦，壓一壓、擠一擠，還算有趣。但是認真的窒息式性愛？第一次上床就來這招？……不，謝了。但我沒說出口。我幾乎從沒說過「不」，就算有幾次我的確說了，也沒什麼用，甚至讓情況更糟。我想喊停，卻發不出聲音，不只是因為她掐著我。我就像置身一場需要大吼大叫的夢裡，張嘴卻只製造沉默；也像置身一場想奔跑的夢，雙腿卻動彈不得，雙腳被鎖在地上。她越收越緊的手阻斷了我的呼吸，直到她在我上面高潮才停手。聲音響亮而遙遠。她傾身向前，從我身上滾下來，一頭倒在我旁邊的枕頭上。

她沉睡時，我躺在她的床上，一直躺到窗簾周圍鑲起一圈光芒，讓新的太陽指引我離開。

我的第一次公開約會則相對成功許多。我和對方在一位共同朋友的撮合下，約好在柏威里飯店的酒吧見面。她長得很像珍・茜寶（Jean Seberg），留著一頭俐落的金色短髮，自然流露的時尚感讓她散發一種從容又優雅的氣質，彷彿這一切不過是事後才湊成的巧合。我們坐在酒吧裡聊天，聊生活、聊藝術、聊書。隨著時間流逝，我們越靠越近。這個舉動如此簡單，只是在酒吧裡隨意聊天，只是個約會，對我來說卻意義重大——我的焦慮、挖苦、那些「會被對方發現嗎？」的心思……全都煙消雲散。

我們一直待到酒吧關門。我提議去飯店開房間，因為我目前借住在朋友家。我知道，為了一個晚上花這麼多錢很荒謬，但這可是我第一次公開約會！我們沿著柏威里飯店的外圍向北走，互相伸出手臂摟著對方。人行道上出現幾個醉漢，從對面向我們走來。我聽見他們用醉漢常見的喊聲嗆我們，而我換上一種新的鄙視態度回嗆：「幹！」

結果發現，我的約會對象竟然是個黑帶高手。早知道我剛才就別理他們，繼續前進就好。我應該像鴨子一樣，讓一切船過水無痕；心平氣和地遠離衝突與毒性，而不是火上加油。我們走遠後，她在人行道上向我展示了幾招防身動作，示範就算嬌小如我，也能把對方打得滿地找牙。她將我過肩摔（輕輕地），扭我的手臂，逼我投降。見識這些技能讓我很安心，讓我知道就算自己體型小，也能讓攻擊我的人沒有還手的餘地。這真是有教育意義的前戲！救人一命的前戲！

我們入住了柏威里飯店。這種感覺格外刺激，跟和萊恩在一起時截然不同，說實話，就像是一幕我不曾想過會發生在現實中的電影場景。和萊恩交往時，有一次，因為飯店只剩下一間單人床的房型，我們還向櫃檯要求加床。和寶拉交往時，我們會訂兩個房間，因為她是我的助理。真是多此一舉啊，我暗忖，**當光明正大變得可行之後**。

我們坐在房間裡的一張小桌旁繼續聊天。厚實的天鵝絨窗簾拉至兩側，露出了老式的大窗戶。城市的光透了進來。

「我喜歡你說話的語調。」她說。

時間暫停了。我吞下她的話，感受著它們待在我的喉嚨底部，振動著向下擴散。她的嗓音柔滑而清晰，她那魅惑勾人的雙眸讓我情不自禁。

坐在椅子上的她向前傾身，一隻手碰上我的腿，她吻了我，而我也回吻她。我們很快就去了床上，一直待到早晨的曙光來迎接我們。一開始有點尷尬，都是這樣的；與鈕扣奮戰，為了脫下緊身牛仔褲微微打滾，用身體閱讀彼此，努力連接、同步、找到那種節奏。一切都感覺很自然又安心，最重要的是，感覺很坦然。全新的世界。

我們睡著了，但並沒有睡很久。我們沒料到會在宿醉和飢餓中醒來。我去退房，將綴著紅流蘇的金鑰匙交還給櫃檯，說了聲再見後，我們就離開去找吃的。我們在飯店轉角找到一家有賣早餐的店，一間位於龐德街（Bond Street）地下室的時髦鄉村餐館。

這是我第一次和女孩出去吃早餐。

好嗨。

以前總覺得這種事不可能發生。

血糖上升，咖啡因在血管竄流，我們下個目的地是麥克納利傑克森書店，一間位於蘇活區王子街（Prince Street）上的獨立書店，步行只要五分鐘。她想買一本書給我，瑪姬．

尼爾森（Maggie Nelson）的《藍》（*Bluets*）。這是我第一次閱讀瑪姬．尼爾森的作品。《藍》是尼爾森為藍色而寫的愛的沉思錄，感覺不可能被歸類——非文學，混合了回憶錄、心碎、歷史、哲學、理論——透過詩歌與散文，將所有內容天衣無縫地串連在一起。這本書令人驚嘆、敞開心扉，是最適合在那個當下收到的書。

天下起了雨，但阻擋不了我們。我們繼續邊走邊聊，直到發現我們走到了西村，來到曼哈頓的另一側。她提議去珍飯店裡如今已經關閉的吉塔內咖啡館喝杯咖啡，那是位在珍街與西街交叉口的一家歷史悠久的飯店。咖啡館內的氛圍迷人而輕鬆，腳下是黑白相間的格子磁磚地板。店裡有種巴黎風情，揉合了別具一格的裝飾，好比說牆上掛了一隻鱷魚。我啜著美式咖啡，但我的胃只裝得下半杯。這時，我們兩個已經漸漸放空，疲憊感襲來，我們終於決定結束這場約會。我們起身道別，她吻了我，就在咖啡館裡。我的第一次。

這些時刻很美，但也很複雜，因為它們對我來說意義重大。

意義非凡的那場戀愛

然而，心碎後的我，第一個真正愛上的人是凱特．瑪拉（Kate Mara）。她當時有男友，是可愛又有才華的麥斯・明格拉（Max Minghella）。我是在一場小型晚宴上認識他們的。初相識的那晚，我並未多想。凱特迷人又美豔，這點無庸置疑，但她身旁坐著男友。最主要的是，我忙著和麥斯深談，希望他能接下我當時正在製作並出演的一部片中的角色。不過後來，我與凱特又見面了。

那時正值頒獎季，我的一位朋友克絲汀・琪薇・史密斯（Kiwi Smith）要在她洛斯費利茲的家，為《藍色是最溫暖的顏色》（*Blue Is the Warmest Colour*）主角阿黛兒・艾薩卓普洛斯（Adèle Exarchopoulos）辦一場派對。這種活動是頒獎季的日常，人們會為某個人或某部片舉辦派對，邀請奧斯卡美國影藝學院會員參加，盼望他們的支持能化作選票。這些就是讓我每天晚上得套上裙子和高跟鞋、化妝出席的活動，也是年長男性會坐得太近、喝得太醉，唇上掛著汗珠對你說「你的夢想要成真了」的地方。

然而，這場為了阿黛兒・艾薩卓普洛斯所舉辦的派對不同，是真摯且誠心的，就像琪薇本人一樣。這場派對是為了恭喜一位演員，慶祝一次難忘的表現，在她可能會感到不知所措的時刻接住她。身處於這個會把人榨乾的城市，這場派對是個小窩，不是陷阱。

那時，我跟萊恩分手差不多才幾個月吧。分手後，我們偶爾還是會一起過夜。可想而知，一切又混亂又痛苦，但我不斷說服自己也說服她，這樣做完全是可以的。這沒什麼，我們可以當彼此的陪伴就好，我沒事，我希望你和我都能過得好……一堆鬼扯。我過得一團糟，直到跟她斷乾淨才變好。有好一陣子都沒聯絡。

我想她想得好難受。我想念她的氣味，那混合了汗水和防晒乳的味道、她的笑容、她手部的動作。我想念那雙手是如何隨著她的思緒、她的大腦、她的笑聲、她的神祕、她的眉毛、她的職業道德、她的好奇心、她的唇、她的嗓音、她的藝術、她脖子伸展的方式、她的書呆子氣和她的驚嘆而起舞。我想念每一件該死的小事，無法自拔，停不下來。我不惜一切代價想遺忘。

「重點是，我不想再繼續想你了。」瑪姬・尼爾森在《藍》中寫道。

我也是，我希望能像《王牌冤家》（*Eternal Sunshine of the Spotless Mind*）演的一樣，將她從我腦海中抹去。

我抵達琪薇家，穿過她高挑的玄關和壯觀的樓梯，經過她小巧的歌德風餐廳以及窄長明亮、設計精美的廚房，來到後院。熙來攘往的賓客都聚在這裡，還有專業的調酒師和外燴人員。我環顧四周，確認自己將獨自守著心碎度過今晚，派對上沒有一個朋友知道我之前和萊恩交往，就連琪薇也是。我祈禱萊恩不會現身，儘管她是我唯一想見的人。我沒把握今晚能順利撐過去。

凱特站在一群賓客中間，自然地和大家聊天，右手拿著一杯紅酒。她的側臉和那下顎的線條吸引了我。她熱情地和我打招呼，眼神煥發一種上次晚宴沒見過的神采，邀請我加入。她今天看起來比較放鬆，但不是酒精的緣故。她的酒隨著她說話而在杯中晃動，讓我思考起液體的搖擺是否能算是一種慣性。我提醒自己，她有男友了。所以當她開始和我調情，我以為只是開玩笑。更何況，不管她有沒有男朋友，我永遠都無法想像凱特．瑪拉會看上我。

我們一來一往講了一些俏皮話，明顯是在互相調情。我不停轉頭向後看，看向不遠處的麥斯。

「哦，他不會介意的。」凱特注意到我的反應後說。

「那好，我等你來，明天早上我會為你做一份炒豆腐。」這下是半真心的了。

她笑了，我有能力逗她笑。我們站得很近，肩膀輕輕碰觸。

我吞了口口水。又看了麥斯一眼。

我們自然地結束談話，來來去去的客人吹起一波新的遷徙。我發現自己走到了院子的另一端，在一張木製長椅上抽菸，和初見面的人閒聊一些基本話題。剛才的調情讓我很興奮，但又覺得應該沒什麼，於是又繼續百無聊賴地閒聊。

我抽完最後幾口菸，菸已經燒到了品牌標誌，在這片刻的空檔，我注意到一名男子走了過來。他看起來很眼熟。

「嗨！」那人熱情地打招呼，沒開口問就一屁股坐在我旁邊，「你是萊恩的死黨對不對？我是麥特！」

我困惑地看著他。他投以一個大大的微笑，有點傻，有點煩。然後我想起來了，心裡隨之一沉，我就知道。

「哦！你們兩個是在……」我說，用手比了個在一起的手勢。

「對啊！她沒說嗎？」

一拳、揍上、肚子。耳鳴。心跳、當場、停止。呼吸。

「哦，我不，呃……你們、多久……？」比出同樣的手勢。

「一個月了！我愛上她，她也愛我。」他興奮地在長椅上一顛一顛的，「你呢，你有愛過嗎？」

我低頭看向地板，世界像K洞*一樣消失了。

哪個混蛋會這麼問？

* 嗑藥到某個程度後，感覺自己瀕臨死亡、靈魂與軀體脫離的狀態。

他滔滔不絕繼續說著。聽起來像《史努比》裡的大人。

我忍住不哭，勉強擠出微笑，但又不想笑太開，偶爾輕輕點個頭。

「她在哪？她會來嗎？」我看都沒看他，問道。

「不會，她開了一整天的會，太累了，現在在回我家的路上。」

一拳、揍上、肚子。耳鳴。心跳、當場、停止。

呼吸。

「抱歉，我去趟洗手間。很高興認識你，應該很快有機會再見面。」我丟下他，讓他自個兒沉浸在粉紅泡泡中——就像他的渲染帽T一樣活潑鮮豔。

恐慌膨脹起來，視線模糊，派對上沒有能求助的對象。我跑進主要樓層的客衛，坐上馬桶，立刻開始拉肚子。我身體裡的每個部位都能感覺到它的存在：悲傷，恥辱。就像掃到地毯下的灰塵，被拋在腦後，卻並未徹底處理掉。

我盯著鏡子裡的自己看（向來沒用）。然後離開了派對。我很清醒，開著車，雙手懸浮著，和其他部分分離，像個奇怪的小外星人在握著方向盤。我把它從體內排掉，現在我可以放下了，讓自己浮在半空。

到家後，我放起李歐納．柯恩（Leonard Cohen）的專輯（無濟於事），就著煙囪抽菸（傷身害己）。**為什麼我們受傷時會想要延長自己的痛苦？**為了自我懲罰嗎？

我走去廚房倒水，好險還有喝水的力氣。我的手機響了，凱特發來了一封電子郵件：

「哇，你的道別方式可真浪漫，謝囉。」

我輕笑，笑容停在臉上的時間不合理地長。我點擊回覆。

說再見太難受了。

頭靠上枕頭，我想像起他回家找她的樣子。想像她等他回家的模樣。

重點是，我不想再繼續想你了。

最後我睡著了。

我和凱特繼續聊下去，我發現我們的調情不只是在開玩笑，對兩個人來說都是。我們說好一起去散步，也說到彼此生日附近時也許可以一起吃個飯？我們是雙魚座夥伴。

幾週後的情人節，我以同志身分出櫃。演說前我幾乎沒跟別人提起這件事。我希望那是屬於我的時刻，屬於我自己，不想再惹上八卦和臆測。演說造成了很大的迴響，套句年輕人的說法，就是「爆紅」了。

凱特發來電子郵件：「什麼？你是同志?!」

我回：「對。接下來就看你的囉。」

出櫃的隔天，我飛去蒙特婁為《X戰警：未來昔日》（*X-Men: Days of Future Past*）簡單補拍一些鏡頭。

「你好像變了一個人。」一位製作人對我說。

沒錯，我卸下了無謂的負擔。我的身體感覺更有力，頭抬得高高的；我變得更親切，沒那麼心煩意亂，眉頭也不再緊皺。我正在路上。

幾天後，我在飛回洛杉磯的班機上坐定，一位牧師和他的助理牧師經過我身邊，他們的位置在我後面。助理認出我是誰，他的態度親切而友善，出乎我意料之外。

我一邊讀著劇本，一邊斷斷續續打起盹。飛行了幾小時候，我感覺到有人拍了一下我的左肩。是那位牧師和他的助理。他們遞給我一張對折的活頁紙，是張紙條。我愉快地笑了笑，轉回位置上看。

我打開紙條，期待讀到一位支持 LGBTQ +的進步派宗教領袖捎來的溫馨鼓勵。

沒想到事與願違。

他在紙條開頭寫道，他的助理認識我，但他不認識。

我擅自上網搜尋了你。（不妙）

他接著說我的身分是假的。只不過是一種想法。

你的靈魂在掙扎。你需要投奔天父的懷抱。（噁）

最後，我真的沒在開玩笑。

署名是：你的天父。

距離降落還有幾小時。我不知道該怎麼辦。該說點什麼嗎？要回信嗎？我暗忖，但又有什麼意義呢？確實。三言兩語不可能讓他改觀，而分給他任何一丁點時間都會讓毒素沉積。於是，我把紙條折好，塞進口袋，繼續忙我的事。飛機降落，歡迎回家。

一個多月後，凱特邀請我去她和麥斯位於銀湖區山頂的家裡烤肉。麥斯已答應出演《走進希望無限的森林》（*Into the Forest*），我很期待見到他一起慶祝一番，他將飾演我的曖昧對象。

他們家很有家的味道，舒適溫馨、裝潢漂亮、很有人味。客廳的沙發是會讓人忍不住窩進去的那種，而且是白色的，我實在不解他們到底是如何讓它保持潔淨如新。我總是弄髒所有東西。廚房很小，似乎從一九三〇年代房子建好後，就一路維持原貌沿用至今。水槽、灶台背牆，一切都很完美。從廚房的門出去，會進入一個寬敞陡峭的後院。客廳外是露台，下方有一座火盆，還有一塊專門給她兩隻波士頓㹴玩的地方。

我們擁抱彼此，那是個長長的擁抱。接著進入介紹時間，派對的賓客我幾乎誰也不認識。凱特和麥斯烤起了素漢堡和一般漢堡。我和凱特挨著彼此，坐在連接房子和火盆的台階上。

我們坐得很近，而且開始打情罵俏。麥斯就站在附近，但他完全沒多看一眼。我們之間的感覺來得直接，彷彿具有磁性，而且最好是放在心裡、讓一切盡在不言中的那種。幾天後，我們終於有機會單獨出門見面。我開車去她家，再一起出門散步。我們爬上她的運動休旅車，她的兩隻狗也坐上後座，一起出發前往銀湖水庫。感覺依舊不變。藏不住的微笑。刻意避開的目光。

我們開進她的車庫，她熄了火。我們心有靈犀地在寂靜中多坐了幾拍。

「我們應該盡快找一天一起吃晚餐。」凱特說。

我沉默半晌才開口。

「約吃飯好像不太好。」我回答。但這其實是我用來表達「我們非常應該一起吃飯」的方式。

車內再次陷入寂靜，氣氛緊繃。

「我可以先問麥斯，和他說一下，我相信他不會介意。」

我微微頷首，努力藏起微笑。我沒料到她會這麼說，但這正是我想聽的。這股感覺千真萬確，宛若電流流經般溫暖。我渴望待在她身邊。

「好吧。如果麥斯沒意見，那當然好啊。」我說。

他真心不介意，完全沒意見，還很支持凱特多多和我相處、變熟。

於是，我們約好隔週碰面，一起去一間西好萊塢的餐廳吃飯。

凱特先來我家碰頭。我一打開門，便見到她臉上掛著那副表情、那種微笑，以及又甜又堅定的眼神。我們的唇首次相觸，傳遞一陣顫抖，讓我的膝蓋差點一軟。我們朝沙發晃去，舌頭相互交纏著。

凱特拉開距離。

「還不行，先去吃飯吧。」她說。

我們沿著月桂谷上坡，經過穆荷蘭大道，往西好萊塢方向前進。優步（Uber）司機在我當初第一次迎上萊恩海報凝視的轉角右轉。凱特方才剛到的時候，我的注意力被分散了，此刻有街燈灑入，我終於能好好看清她的樣子。黃色和紅色在她周圍鑲出一圈耀眼的光暈。她的暗金色短髮在向後飛逝的光線下微微閃爍，黑色緊身褲緊緊包裹住她的大腿，我盡量避開不去看。她的黑色外套底下穿著一件灰色T恤和一件敞開的襯衫。

如果人們看見我們，會覺得這不過是場普通的約會。我們碰觸對方的方式、凝視對方的方式，還有我們整晚是如何大笑不止。沙拉、薯條、龍舌蘭、葡萄酒。她的風采是如此鮮明，姿態是如此爽朗，單單眨個媚眼就能讓整個空間消失不見。

那天晚上，我們準備搭優步回我家時，被狗仔拍到了。我彷彿置身於另個時空，所有「被抓到」的焦慮都灰飛湮滅。我們到家後立刻進了我的臥室。凱特仰躺著褪去衣服，我則站在床邊脫下我的。我上床，爬到她身上。我們的嘴交融，身體第一次相遇。我吻著她的脖子，手放在她的大腿內側，手指緩緩向上游移。

第一次約會相當成功。於是接二連三。

我們會和共同朋友一起玩，或是一起參加派對，人們都以為我們在交往。我們之間沒有羞恥或躲躲藏藏，只有毫不掩飾的吸引力。我很快就知道我們之間不僅是肉體關係，也不僅是化學反應的碰撞，而是打自內心的在乎。現在也依然如此。我們彼此相愛。

約會了幾次後，我便知道自己陷進去了。我無法停止想她。回憶會一閃而過，讓你在開車前往會議的路上沒頭沒尾笑出來。訊息打打停停，為一個措詞糾結七十二小時。想起那個人。

第一次約會不久後的某個早晨，一場地震讓我從床上驚醒，心臟都快要跳出來了。大腦叫我站在門框下，於是我乖乖照做。雖然後來發現那是錯誤示範，然而，那個當下我還是站在那裡，等到搖晃漸漸平息才大大鬆一口氣。現在我知道該怎麼應變了；為了讓大家保持資訊同步，請看看美國疾病管制與預防中心（CDC）是這麼說的：

如果可以，請躲到堅固的桌子或書桌底下。盡量遠離外牆、窗戶、壁爐和懸掛物品。如果你無法離開床鋪或椅子，請用毯子和枕頭保護自己，不被掉落物品擊傷。

當一切都平靜下來，脈搏也恢復平穩後，我拿起了手機。第一直覺要我傳訊息給凱特，關心她是否安好。這個念頭來得措手不及，但感覺有點太過頭了，一切都是全新的感受，我提醒自己對方還有男友，也提醒自己有責任別當個混蛋。我準備煮點咖啡來喝，於是放下手機走向廚房。叮！我回頭一看，是凱特，她傳訊息確認我一切沒事。我盯著訊息，再次不由自主地發出一聲輕笑。完蛋了。

曾經有個時刻令我難以忘懷，忘不了察覺的瞬間，也忘不掉消逝的剎那。那是場由史派克．瓊斯（Spike Jonze）主辦的雙壽星生日派對，主角是史派克的友人和友人的女兒，合併慶祝各自的五十歲生日與十六歲生日。派對辦在一間老學校，主樓層的禮堂是大人專屬的空間。現場請來樂隊演奏，人們伴著音樂喝酒起舞。學校那棕色米色相間的色調為夜晚增添了雋永的光澤。

我們手勾著手上去屋頂，那裡是十六歲生日區。高高的鐵絲網圍籬圈住整個屋頂籃球場，球場上的青少年閒來晃去。派對請來的ＤＪ正在播放勁歌金曲，但沒有一個孩子在跳舞。我猜他們在討論怎樣才能搞點酒來喝，或醞釀著任何其他洛杉磯孩子都會做的事。

這裡的ＤＪ比樓下的樂隊更對我們的胃口。碧昂絲（Beyoncé）、蜜西艾莉特（Missy Elliott）……我們二話不說便投入在音樂裡，迷失在搖擺中，凱特是唯一聚了焦的事物。感覺全世界只剩下我們。我們直視著彼此，堅定不移，身體互相餵養，訴說言語所無法表達之事。我們共舞，我們的舞大膽無畏、毫無保留，比撫摸更親密。我從沒見過凱特如此無拘無束的樣子。我感覺宇宙撕開了一道縫，而我也是。我已無可救藥。

一週後，我們坐在銀湖水庫東北側的草坪上，沉浸在自己的小世界，在一本Moleskine小筆記本上塗塗寫寫。我們認為一起拍片是個棒透了的點子，最好是拍愛情片。我和凱特各自發信給我們的演藝代理，希望他們能幫我們找到合作的機會。

事情就這樣動了起來。我們很快就收到一份喬・巴頓（Joe Barton）所寫的劇本。劇本很短，只有八十幾頁，故事尚待加工與擴展，但一部椎心又唯美的電影骨架已經有了。我們和喬用Skype交流想法，他是位可愛的英國人，他筆下的酷兒女性角色刻畫得細緻入微，令我嘆為觀止。我們討論了故事、角色，以及我們覺得需要深入發展的地方。

「那部劇本是我很久以前寫的。給我一個月，我會生出一份新版。」喬說。

他說到做到。劇本品質抵達了全新的高度，拍攝計畫也動了起來。

和凱特分開的時光開始讓我感到痛苦。此刻，我們的火花仍在，依舊春心蕩漾，宛若置身雲端，但總有結束的時候。有些地方我們去不了，有些事我本不應該奢望。朋友建議我退一步，而這個提議再合理不過，畢竟也不是第一次了，有些人你就是得不到。即便我已正式出櫃，險路依舊重重。

「你讓我想到那些老是和已婚男交往的朋友。」一位朋友對我說。總是在追求刺激，然後墜落，執迷不悟。

不久後，講這句話的朋友親眼見到我們在一起的樣子，便恍然大悟了。這個反應讓我感到既欣慰又惱火。我們的愛是有形的，我們在一起的樣子閃閃發光。

可是，還有麥斯。麥斯！麥斯。他是個讓人打從心底喜歡的好人，他一直以來都對我好得沒話說。凱特愛他，怎麼可能不愛？不過，無論我們兩個之間的關係到底是什麼，都是在找尋新的語言，從縫隙中滲出來。算是我默許的吧，而我不該這麼做。我才是那個介入他人認真感情的人。

有一次，我和凱特本來預計要在紐約共度一段時光，孰料計畫突然生變，麥斯決定跟她同行，那是我頭一次嚴重遭受打擊。我期待這段浪漫紐約時光好久了。我很傷心，傷透了心。但，又一次，我把這看成是我自己的問題，身為小三的問題。

我去紐約的目的是為《X戰警：未來昔日》跑宣傳。在那部片中，我幾乎從頭到尾都坐在休．傑克曼（Hugh Jackman）身後，他飾演一隻不省人事的金剛狼，我將手放在他的頭兩側，按摩他的太陽穴。休．傑克曼人超級好，好到有點討厭，是我合作過的人當中最和藹可親的人，我真心沒見過他心情不好的時候。

然而，當凱特告知我這個消息後，我的心情瞬間烏雲密布。看見他們被狗仔拍到在街頭散步令我感覺更糟。想到他們會做愛時，就更不用說了。我在接受喬許．哈洛維茲（Josh

Horowitz）採訪時，有一位名叫凱特的粉絲提問，問我對香蕉的看法。這是我和她私底下會用的哏。凱特是喬許的朋友，她覺得這樣做會很有趣。我花了一秒才把兩者串在一起，這對我來說一點都不有趣。我想她想得很痛苦。

我很生氣，火大，感覺被耍。我很熟悉這種心情模式，這種糾纏不清並為此自責的狀態。我發現自己開始怪罪她：不能和我在一起的時候，她就會想方設法，用另一種方式侵踏我的領域，滲透我的心智。我老是會被吸回去，說服自己這樣是健康的，說服我的主體性並未被渴望給緩慢侵蝕。我感覺自己沒有被認真對待，我的感覺被忽視。我很偏頗地假定她應該要能讀懂我的心。我嘴上說「當然沒問題」，心裡卻要求她解讀出相反的意涵。

走到這個地步，我其實該退出了。原因有很多，主要是想當個好人，尊重他們的感情，但我感覺自己並不是非常好的人，而是個自私的人，渴望著某人。可是，真切的情感很罕見，就像我們之間的這種，格外稀有，也因此很難割捨。我坐在柏威里飯店的房間，在陽台上抽著菸；我和凱特曾經來過這個房間。我克制不住腦海中閃現她把赤裸的我抱到桌上的畫面，她一邊上我，一邊盯著鏡子裡我的屁股看。

跟凱特有關的一切都變得越來越複雜、越來越沉重。我感到很失望。也許興奮感已經敵不過眼前的挑戰。是我自己選擇要淌這灘渾水的，是我決定不去照顧自己的心，而是選擇留下，無視分歧逐漸加深。我在追求某樣無法實現的事物，任由欲望淹沒自己。

這種心境變化相當熟悉。獨處時你茁壯，隱密又安全，分離卻讓你感覺自己隱形了。上一秒還在，下一秒便消失，連轉念都不是，就成了後話。我把這些投射到了她身上，這是一套我需要時間才能擺脫的模式及敘事——請愛我。

凱特察覺到我的痛苦、我的揪心，她最不想做的事就是傷害我。她人在外地工作，但還是抽出時間和我聊聊。我告訴她我在紐約所遭受的痛苦。

「我太想你了，一想到能見你我就興奮到不行，後來卻落空。我們連一面都見不上，也幾乎沒有你的消息，然後你又『那樣』，」我在說那場訪談，「讓我感覺糟透了。」

「我理解，我真的很抱歉，我只是以為那樣會很好玩，」她停頓了一下，螢幕畫面靜止了片刻，「我也很想你，見不到你我也很難受。」

防洪閘門被這句話打開。我哭了起來，接著她也開始一起哭，我們談起一切。談起我們對彼此的愛，談起這份愛是多麼的渾然天成、感覺多有意義，談起我們對彼此的關心有多深沉。

「但我也很愛麥斯，而且我們有共同的生活，」她說，「我以前不相信人能夠同時愛上兩個人。但我現在相信了。」

我們同時陷入感傷，嘗到放手的惆悵，但凌駕一切之上的是，我們在乎我們的未來，無論那會是什麼形狀，我們所在意的，是建立一種新的關係。我們同意暫時保持距離，至少一個月不要聯繫。

我需要一再提醒自己保持距離的好處。這麼做令人痛苦難耐，就算是自己主動提議的也一樣。欺騙自己是十分容易的一件事，我會用溝通是很好、很健康、又成熟的行為來說服自己。然而，無論我的大腦理解了多少，那些感受還是會偽裝並埋伏起來，低語撩撥著我的心，讓癮頭再次犯起。

「你讓我想到那些老是和已婚男交往的朋友。」現在的我更能理解這句話了。的確，我渴望讓血清素飆升，接著耽溺在被拒絕的痛苦之中。最終，我在過程中拋棄了自己，淡出，而或許這就是我們所追求的；未竟的愛更安全，總渴望那些得不到的。

凱特和麥斯在不久後分手，就在我將與麥斯一起拍攝的不久前。他們分手不是因為凱特想和我在一起，而是雙方同意是時候該向前走的結果。我和凱特繼續維持距離。麥斯對我好得沒話說，在片中也表現出色，是個寬厚又投入的演員，合作相當愉快。我們有一場性愛戲，是我拍過最私密的性愛戲之一，我們兩個幾乎是全裸上陣，我的胸部完全坦露在外。那場戲感覺安全又自在，一點違和感都沒有，雖然坦白說是有點怪。

我對凱特還是有感覺，想要她，想要跟她在一起。保持距離很有效。我覺得自己多少已經放下了，但我們發現彼此剛好都回到了洛杉磯，再度回到動心的那座城市。我心情很亂、很氣餒，甚至有點憤恨。她現在可以和我在一起了。但她現在不想和我在一起了。

「**單憑愛情構不成一段關係。**」我的諮商師常這麼說。

我再次陷入痛苦中。憤怒悄然滋長。

時間緩慢爬行，緩慢癒合。不講話也不傳訊息很有幫助。我慢慢開始釋放、反思、當責。我不再執著，開始能正常約會，去見那些單身且對性向落落大方的女人。朋友湊合我和莎曼珊在一起，我們交往了近兩年。在我和凱特一起製作並出演《決愛》（*My Days of Mercy*）的期間，莎曼珊曾來俄亥俄州辛辛那提郊區找我。她沒有嫉妒，反而很支持我，我們三個還一起去到肯塔基州邊境附近看了一場艾米・舒默（Amy Schumer）的演出。凱特當時在和傑米交往，也就是她現在的丈夫。

念及當時的情況，拍攝算是進行得非常順利。

我和凱特相識至今將屆九年，某些默契從未消失，但現實的沉澱讓我們笑稱彼此怎麼會差這麼多。事後回想起來，當時我們幾乎都在做愛。不過，我們之間的愛從未變過，往後也不會改變。忠心、寬厚、有情有義——凱特不只是位很棒的朋友，也是最真誠的朋友。

我總是習慣幻想，而非關注或回應實際發生的事。我不聽。說穿了，過去的我就是個容易依賴他人的人。直到現在，我才終於擺脫了那種狀態。我設置了更有效的界線、更少害怕、心態也更加開放。我變得堅強，有了前所未有的自信，並且急速上升中。啟示和教訓會在我們最黑暗的時刻浮現，雖然，我確定有一天我會忘記這些教訓，不得不再一次想起。**但我寧願再次想起，我寧願受傷也不要沒傷過——至少我有機會愛過你，至少我感覺過你對我的愛。**瑪姬．尼爾森說：

光是見過這種藍，就讓我的生命變得非凡。見過如此美麗的事物。發現自己置身其中。無從選擇。

25 我所選擇的家人

「我只想和你一起住，」十三歲時我對媽媽說，「我不想再來回跑了。」我也不想繼續眼巴巴盼著十六號到來，我想和媽媽每天生活在一起。

她的眼睛亮了起來，姿勢也挺直了，興奮的程度肉眼可見。她努力掩飾內心喜悅，大概是不想影響我的判斷。我看得出她很高興，這也讓我很高興。她的表情從咧嘴大笑漸漸收斂成專注的神情，想知道我為何想改變？

我緊張得結結巴巴。低下頭，想辦法擠出一個理由，內疚感向我襲來，但願我不需要理由。

「我受夠兩邊跑了，只想待在同一個地方。我老是忘記帶東西。」

要向她坦承我在另一個家生活的真實感受，似乎是件不可能的任務。一股莫名的恐懼在我心中鼓動，使我退縮。我太怕掀起一場無法挽回的紛爭。

我的苦楚已經累積到了頂點，每當我放學回家，發現家裡只有我和琳達時，就像走進一棟被濃濃大霧籠罩的屋子。我甚至會問來家裡玩的朋友，問他們是不是也感受得到？

「她整個人的感覺很詭異，對吧？」我說。她的氣場，那副語調，那些表情。「我不覺得她喜歡我。」朋友同意。

我很少邀請朋友來我家。我很懷疑，不知道我的足球隊友偶爾來我家時會怎麼想。因為我爸曾經在她們國中放學回家路上，在車裡朝她們「開玩笑」。

「嘿，小姐們，很水哦！」他總這樣大喊。

「很噁欸，丹尼斯！」她們回應，笑不太出來。我總是尷尬地把自己藏進副駕駛座裡。

我爸的言行會隨著旁人的不同而變化。琳達在場時，他便將我排拒在外，但和我獨處時，又會表達深深的愛意，讓情緒的界線變得模糊。也許這是他心目中保持親密的唯一途徑；他在能力範圍內盡力維護我們的連結，只屬於我們的連結。

不論是哪一種，當時的我都沒辦法找到正確的話語來表達，如今也持續苦苦尋覓中。我彷彿在冰面上奔跑，但願腳下能有土地的摩擦力。

我要求媽媽先不要告訴爸爸，一想到要告訴他，我的胃就會夾得緊緊的。他會多麼難受、多麼受傷啊。愧疚感持續在我體內遊蕩。

「你爸會了解的。」媽媽用安慰的語氣說。這不代表她認為我爸完全不會受傷，這當然很傷，只是她相信，最終他還是會支持我的決定。

我知道這不是事實。我知道他不會理解。我知道他會大發雷霆，臉色會勃然驟變。但我不知道該如何對媽媽開口。

那天傍晚我有一場足球賽要踢。我和提娜在戴爾豪斯大學的草坪上暖身、來回傳球，這是我們的主場比賽。身為一名右翼中場球員，我很想專注在比賽時可能會發生的角球上，抓準時機，完美地來回跑位，讓額頭碰到球，扭轉脖子，期待看到球咻地破網。然而，我卻不停回頭張望，企圖瞥上一眼。我知道他們兩個一定會出現在看台上。

後來他們現身了，坐在彼此隔壁，我看得見他們在交談。我的注意力完全不在球上，一心盯著父母挨著的身影。場外擲球入場，我加速準備接球，試圖假動作盤球結果被絆倒，這期間我滿腦子想的都是，媽媽會對他說什麼嗎？

我走過草坪，一邊調整背在肩膀上的球袋，一邊朝嘴裡擠水，感覺得到腳下的草坪被我的鞋釘踩扁。我看見爸媽站在不遠處。這一幕比剛才九十分鐘的奔跑更令我氣力喪盡。

他們在我走近時分開了一些。走上大台階時，我疲憊的雙腿不由得軟了一下。我和媽媽擁抱，說了聲再見，那天是一號，所以我要回的是爸爸家。

「媽，愛你。」我邊說邊和爸爸步離球場。

「我也愛你，親愛的。」

我的胸口隱隱作痛，但我努力掩飾著。球賽後是隱瞞內心感受的完美時機，後腰、膝蓋、灼熱的大腿……有很多可以躲藏的地方。

坐上爸爸的副駕駛座，我把包包放在前方地板上，將頭和肩膀固定在一個大致朝下的位置。也許她什麼也沒說？也許他們只是在閒聊？

一路上過於安靜的大段時間證明這些「也許」已然失效。

爸爸默默開著車，沿著昆普爾路（Quinpool Road）經過馬蹄島（Horseshoe Island），再沿著灣邊開到灣谷圓環。他在披薩店左轉，駛進普塞爾灣路（Purcells Cove Road）。快要開到拐進我們家社區的路口時，車速並未減緩。我瞥了爸爸一眼，我確定他知道我在看，但他還是目不轉睛地直視前方，緊緊抿著嘴。

我們繼續開了大約五分鐘，經過了聖喬治希臘東正教教堂、遊艇俱樂部和亡者島，接著左轉進去狹窄的幽谷路（Dingle Road）。車子蜿蜒穿過四周圍繞的濃密樹木和偶爾出現的幾戶人家，抵達了桑佛弗萊明爵士公園（Sir Sandford Fleming Park），一般人多半稱之為「幽谷公園」。

幽谷公園臨水而立。爸爸拐上碎石路，不遠處就是那座四十公尺高的石塔，建於二十世紀初。幾年前，我們曾和琳達、史考特、艾希莉一起走上塔頂。石塔入口處的左右兩側坐著兩隻大銅獅，總讓人想爬上去。我記得登塔要爬的樓梯遠大於我甘願走的數量，但那片景色很值得，況且，事後還能吃到一球「月霧」冰淇淋。那是一款美味的冰淇淋，是新斯科細亞獨有的口味，這點我也是不久前才知道。

他把車停在樹蔭下，熄了火。那時大約六七點左右，人不多，偌大的停車場上只停著另外兩輛車。他直視前方，手仍握在方向盤上。我默默坐著。他轉頭看我，眼眶溼潤。

「你想搬去跟你媽住？」他哭了起來。

見狀，我體內的空氣瞬間被抽乾，手足無措地乾瞪著，無法預測接下來的走向。

「你為什麼不想跟我們一起住？」他垂下頭，眼淚變成了嗚咽，「你比較愛你媽？」啜泣持續。肩膀起起伏伏。他看著我，幽怨的眼神如石頭般擊中我。我感受得到那副眼神的重量。

「你不愛我嗎？」

我的胸口慌得像著了火，胃像遊樂設施一樣筆直墜落，耳朵開始耳鳴。

他別過頭，嚎啕聲並未停止。

我解開安全帶，越過排檔桿抱住爸爸。我用雙臂環抱住哭泣的他，輕揉他的背。我的身體在發抖，我幹了什麼好事?我閉上雙眼，繼續緊抱，但願自己什麼都沒說，不計代價想收回那句話。

「我愛你。對不起。我還是想要兩邊跑。我很抱歉。」我語帶懇求地說。

「你確定嗎？」他回應，並擦去眼淚，肩膀的起伏慢慢穩定下來。

「對，我確定。我想和你，也想和媽媽一起住。」

等他的情緒平復下來，只剩下吸鼻子的聲音後，我坐回位置上，把安全帶扣回原位。「我真的很愛你。」他邊說邊發動汽車，倒車時底下的碎石發出嘎吱嘎吱的聲音。

「我也愛你。」

然後我們就開回家了。到家後，一切就像沒發生過一樣。不過是過往雲煙。在車上獨處的時候，我是他迫切需要的人，而現在，我們坐在餐桌上，他沉著臉切起食物。沉默讓我食慾全失，還是是因為內疚？我好想消失。

那天晚上，爸爸打電話告訴媽媽我改變了主意。他告訴她，我起初會想要從此跟她住，唯一的原因是我想念她家的狗。我猜他此時一定卸下皺眉，換上洋洋得意的笑，很興奮能帶給她最新消息。

我媽再也沒提過這件事。我們避而不談。我太害怕了，半個字也不敢多說。我在車上見證爸爸的心碎，一種我未曾見過的情緒波動，目睹某種解體。你做了一件又糟又傷人的事，我心想。我明白自己不能讓他或任何人再經歷一次這種事。所以我繼續在兩個家來回奔波。這麼做似乎讓事情順暢了起來。

如今，我已經能看出這些時刻——我、我媽、我爸之間——是如何默默影響我日後處理感情的方式。我會將感受丟去一旁，擔心自己會因為擁有這些感受而惹上麻煩；會繼續待在某些處境中，待得比本該逗留的時間還長；會隱藏真實的自己。最終，這種狀態必然造成更多的破壞及傷害。好比我在很多方面都讓旁人頗為難——我這人說變就變，我封閉自我又摻雜逃跑本能，我因為懷抱過於非理性的恐懼而表裡不一。

瘡疤挖一挖總會挖到寶。

三十歲生日過後不久，我便下定決心暫時不跟爸爸往來。我壓抑感受的能力越來越弱。宛如一場心理風暴，一場撞擊。我在不知不覺間一路崩解到了終點。生平第一次，我大聲承認我的跨性認同，願意讓這項認知暢通無阻地呼吸。短暫的瞬間，火花，但不僅是一掠而過，而是牢實抓住。這番領悟的規模遠不限於我的性別。好不容易，我離擺脫不健康的家庭關係只差臨門一腳，至少終於能找到適當的話語。

我寄給他一封簡短而直接的電子郵件，告訴他我需要空間，會有一陣子沒辦法回家。我從未准許自己對他說真話，也未曾允許自己正視在那個家裡所經歷的一切，以及後續長遠的影響。他的反應正如我所料——並不好。他似乎沒有能力承擔我所說的任何事。

早在我二十歲出頭，有一次在喝咖啡時提起這件事，爸爸便承認過他知道琳達是怎樣對我。我們之間存在著顯而易見的距離感。那是一趟難得的回家之旅，我和爸爸去了一間溫馨的小咖啡廳，就在哈利法克斯市中心的霍利斯街（Hollis Street）上。

「感覺你一點都不想念我們，從來都沒想要回來看我們。」爸爸說。

我低頭看向我的雙份美式咖啡，不知道該回什麼。就連我繼兄繼姐的父親過世，我也沒回家參加葬禮。諮商時，我解釋不出原因，我沒有答案。我躺在地板上哭泣，胃裡感覺全是釘子，一陣來歷不明的劇痛襲來，生理上怎樣都說不過去。可以想見，我的哥哥姐姐也許一輩子都不會原諒我。

「我感覺和你好生疏。」他接著說。

我原先沒打算要進行這番談話，不過話就這樣脫口而出。

「小時候琳達對我很壞，對我造成很大的影響，所以回家對我來說很困難，待在你旁邊也是。」我說。

他一刻也沒浪費，立刻就贊同了我的話。當時我還沒有能力和爸爸討論其他的事。能把一切問題歸咎於琳達，讓他露出一絲欣慰的神情。

「既然你都知道，為什麼不插手？」我問。

「我有。我們十次吵架有九次都是因為你。」他重複了我小時候聽過的那句話。

我燃起一絲希望——感受到家庭帶給我們的力量。但隨後，他把我們的談話告訴了琳達，引爆一場紛爭。她迅速寫了一封長信給我，是封道歉信，但與其說是道歉，不如說是辯解，概述了所有讓她油生敵意的因素。**我只是個小孩**。**這些因素追根究底都與我無關**。

「你應該原諒琳達，」四十八小時後，爸爸對我說，「那樣對你比較好。」

我心一沉。我非說不可。至少感覺上是如此，感覺是一項義務。為了他們而說，但主要還是為了他。那種瞬間再度出現——我全身麻木，切換到自動駕駛，話語被彈射出去，安穩著陸。就像我寫的那些生日卡片，全由一雙不是自己的手所寫。我們相擁而泣。

琳達說她很抱歉，說她愛我。

「我原諒你。」我說了，但也沒說，至少至今還沒。

然而，到我三十歲的時候，爸爸的控制手段出現了破綻。我突然之間看明白了，並感到前所未有的震驚。我不再反射性地將感受掃去一旁，不再讓自己消失。

至今，我已經五年半沒和爸爸說話了。當我寄出那第一封信，說我需要空間、一陣子不能回家時，並未得到很好的回覆。雖然這段期間不時還是有些不愉快的信件來往，但也僅止於此。不久前，我建議我們用 Zoom 視訊，並找一位協調人當緩衝，例如家庭諮商師之類的，起初遭拒，他說他只願意單獨見面。最後，他同意了，但那場對話和過往的互動雷同到令人沮喪，無疾而終。

老實說，很難想像我和他之間的關係還能有怎樣的可能。丹尼斯和琳達是那些重量級組織的支持者，而那些組織正是在全球對我發起攻擊、嘲笑我的人。姑且不論過去發生過什麼事，一想到養育你的人竟然會支持那些抹滅你存在本質的人，內心便痛苦萬分。

我天天都會收到大批的仇恨攻擊，之所以如此，並不是因為我開了傷人的玩笑，而是因為我是跨性別者。當我們面臨殘忍和暴力的攻擊時，站出來為不友善行為辯護的人，似乎比站出來支持跨性別者的人還多。

加拿大臨床心理學家喬登·彼得森（Jordan Peterson）曾針對我發表了一篇侮辱推文，後來當他的帳號使用權限恢復後，他上傳了一段影片，畫面中只有他的頭。他瞪著鏡頭放話：「我們來看看是誰取消了誰。」我爸按了讚。我不知道我爸此刻對他兒子的看法是什麼，也不知道他會說什麼、會如何解釋我的缺席。但我知道我被怪罪，我是那個製造混亂的人，那個小屎痕。

不再和爸爸說話後

我不再和爸爸說話後，迎來了我人生的最低谷。壓在我身上、伴我成長的一切終於朝我席捲而來，而我無力躲藏。我的人生總是起起伏伏，這次的低潮讓我想起十九歲那年，事業才剛準備起飛的時候。那時的我可說是居無定所，漂泊無依。我不停地出差，拍攝工作一個接著一個，忙著巡迴宣傳，總是形單影隻。孤獨的重量令我不堪負荷。

有位我從小就認識的阿姨，主動提議讓我借住她在布魯克林的家，這個善意之舉令我終生難忘。阿姨自從和我高中同學的媽媽交往後，便一直在哈利法克斯和布魯克林格林堡兩邊跑。我對她和我高中同學媽媽的感情很著迷，她們完全開創了另一個世界，無拘無束。我清楚記得第一次見到茱莉亞的情景。那年我十六歲，躺在她家臥室地板上，帽T的兜帽蓋住我剛剃的頭，縮在一團毛毯中，準備在她家過夜。茱莉亞走進房間，我對她露齒一笑。她的眼神中流露溫柔，是個信得過的存在。她看穿我身上那個彼此都心裡有數的祕密。我感覺她知道了，而在那股理解中，我得以放鬆。在她身邊我總是很自在，感到被人照顧。

茱莉亞建議我把一直沒有好好打開整頓過的行李，留在她布魯克林家的閣樓上，這樣我就有了一個家、一個基地，一個在拍攝間隙可以回來的地方。不用一直流浪。閣樓後面有兩間小臥室，她在中間架起兩扇我們在華人街買的日式屏風，為我打造出一個小角落。我因為工作的關係時常不在，不過，能擁有一個歸宿，一個具酷兒氣息的歸宿，就像吞下了一顆定心丸。

茱莉亞和我都是晨型人，她總會帥氣地在爐子上煮出香濃的咖啡。我們會趁天還矇矇亮時牽著她的兩隻狗，史酷比和多莉，去格林堡公園繞圈散步。我們的關係越來越深厚。我和茱莉亞變得很熟，連和我高中朋友都沒這麼親密。我喜歡和她相處，事實上，比起和別人出去，我更想和她一起。打從十歲開始，我很大一部分的生活都是在大人的圍繞下度過，我發現自己在她身邊比在同齡人身邊更自在。我可以和她討論許多從來不會和別人討論的話題，例如聊我暗戀的對象，以及酷兒的身分認同。

茱莉亞成了我最要好的朋友之一。說實話，她更像是我的家人。後來我搬離了她家，最終定居在洛杉磯。儘管如此，每次只要我去紐約宣傳，我們都會一起在我下榻的高級飯店房間裡度過大把大把的時光，麗晶、美世、倫敦、東方文華、克羅斯比、柏威里……我躲在深櫃的那段期間，她是我的救命浮木，一直到我成年後都是。

我不再和爸爸說話後，整個人跌入深淵，瀕臨崩潰邊緣，精神狀態急遽惡化。我不想繼續活在這個世界上。我不知道該怎麼活下去。我從洛杉磯打電話給茱莉亞，問她能不能來陪我，因為我知道獨處的下場會是什麼。我的電話嚇她一跳——因為我極少呼救。她立刻放下一切，告假一週飛來洛杉磯。

茱莉亞來了以後，我們一起坐在客廳地板上，身旁舒適的毯子構成一張保護網，就像我們第一次見面時我依偎其中的那張。她陪我為身體補充營養，她逗我笑。我喋喋不休地重複同樣的廢話，她全盤接收。無論我當時是多麼失控、傷心、暴怒，茱莉亞都任由我去感受。

在這個我們與原生家庭太常因酷兒認同而疏遠的世界，我很感謝茱莉亞，也很感謝我所選擇的家人們。**沒有他們，就沒有現在的我**。

26 尋覓答案

「抱歉，先生。」一名男子用法文對我說。他五六歲的孩子騎著一台藍色的小滑板車從山坡上衝下來，差一點撞到我的狗阿莫。

那孩子衝過我身邊的那天，正值紐約新冠肺炎疫情延燒的第一個春天。路上空空蕩蕩，四周一片寂靜，只剩下呼嘯的警笛聲，還有偶爾經過的單車騎士隨身音響所傳出的音樂聲。當時我戴著口罩，我忘了那個男人和他小孩是否也有戴。空氣帶有寒意，河邊吹來的風通常會把臉頰吹得刺痛，但戴了口罩就不會了。我穿著牛仔褲和內裡刷法蘭絨的Carhartt 牌黑色外套，帽T的帽子從領口拉出來，罩在我的毛線帽外。帽子是出門必備。

我和阿莫沿著哈德遜河邊的小路走，散步到上西區河濱公園中層。上西區河濱公園是我在紐約最喜歡的地方之一，共有三層，從七十二街一路延伸到一百五十八街。河邊的小路沿途有綠地、遊樂場，還有一個名叫西七十九街船塢（West 79th Street Boat Basin）的小碼頭。我玩起「你要哪艘船」遊戲——這是個極度複雜的遊戲，玩家必須選出一艘自己想要的船。水面上恰好靜靜浮著一艘小巧的森林綠老船，於是我決定了，就選這個小傢伙。

中層的綠蔭長廊設計與巴黎公園相仿，是條又長又寬的小徑，樹梢在天空交錯，老式街燈在水泥地邊緣傲然站立，散發浪漫氣息。壯觀的崖壁和石牆上爬滿了藤蔓和苔蘚，從長廊一路蔓延到與河濱路（Riverside Drive）平行的頂層。公園也能讓人動情嗎？我感覺就會，這裡實在美得令人陶醉。我還在資料中讀到，這座河濱公園啟發了愛倫坡（Edgar Allan Poe），促使他動筆寫下《烏鴉》（*The Raven*）。合理至極。

「沒關係。」我回應。阿莫被我剛才突然一拉給嚇了一跳。我繼續走，耳邊聽得見那位父親正在用法文對他兒子說話，口氣不嚴厲但堅定。我再一次聽見「先生」的法文。我的口罩底下泛起了一抹微笑。這種情況近來時常發生。

「嘿，老兄。」

「兄弟。」

「先生。」

直到我開口說話，對方才會一臉尷尬地打量我。

「哦，不好意思，小姐。」

「抱歉，女士。」

漫步在城市時，我曾質問過自己的影子。它住在人行道上，平坦地待在腳邊，是我和太陽之間的一晌寧靜。我看見一個男孩，它就是一個男孩，有著男孩的身體、男孩的步態和戴著棒球帽的側影。地上那塊陰影感覺比我更加真實，成功閃開了我想踩扁它的衝動。

我和商店櫥窗的關係永遠處於一種爭論不休的狀態。與影子有所不同，我看得見我的臉，以及T恤下的身軀。秋冬的狀況沒有那麼糟，但是一到夏天，脖子便會扭個不停。天氣熱到無法多層穿搭，所以我會像強迫症一樣不停轉頭看向櫥窗，仔細查看、調整一下。我會拉一拉身上寬鬆的白T恤，提醒自己要買更緊的運動內衣。也許會有效。

疫情初期時，口罩和早春穿搭聯手，讓櫥窗上的倒影發生了變化。和遇見影子時一樣，我看見了那個男孩。和影子不同的是，男孩的視線也朝我投來。

意料之外的一陣興奮顫抖傳遍全身。是一種正向的刺激——是股衝動。

搞什麼?!我從來沒有因為倒影而產生「衝動」。

我偷看那個男孩，他與我平行大步前進，模仿著我的一舉一動，複製我步伐的節奏。我感到困惑，卻又完全不困惑。每天，我帶阿莫出門散步時都會發現他的蹤影，百看不膩，像遇上一個喘息的機會。像個希望？

我的腳底牢實地踩著地面，自信又沉穩。少了些漂浮感，與重力融合得更緊密。看見自己讓我很欣慰，因為幾乎是頭一遭。有火花，有種子，有什麼東西被激起。我的身體向前湊進，比我的大腦還早察覺到不能停在那裡。**這副皮囊**、**這副容器向來比我聰明許多**，**但願我曾用心傾聽**。一條小徑乍然開展，誘喚著本能。衣櫃裡輕敲幾聲，通往一個新世界的入口，一處我不必放棄自己的嶄新現實。

路上完全沒有人認出我。甚至連偷看兩眼都沒有。我當然不是羅伯・派汀森（Robert Pattinson），但這就像踏入了另一個時空。這和你被攔下多少次，或是被要求合照多少次無關，人們總是會朝你看。路人會「偷偷」在火車上或在餐廳裡拍照，殊不知我通常都看得出來——從某種奇怪的角度來說，這行為滿可愛的。我一點也不介意合照。大家通常都很友善，不會咄咄逼人。唯有當別人未經同意就碰我，或是用以前的名字叫我時，我才會變得興致缺缺。**界線很重要，而學習不再為了設下界線感到內疚，更是關鍵**。我花了很長時間才學會這一點。

我置身自己的新大陸中，在城市間遊蕩。我可以盡情自在做自己，不受陌生人干擾。自從十歲之後，我終於再次被人認為是男性。我盡量少開口，只發出一些幾乎聽不見的咕噥，好延長這一刻。十歲時的嗓音並未讓我露出馬腳，但三十三歲的嗓音絕對會。

我只知道，某個地方開始鬆動了，而我能讓那道裂縫繼續擴大。沒有工作讓我逃避，沒有女孩必須扮演。《雨傘學院》第三季最快也要進入深秋才會開拍。這是我事隔……記不清多久了，最長一段不用工作的日子，可說是這麼多年來第一個像樣的休假。我的婚姻岌岌可危，目前分居中，日子不再像之前一樣被那麼多的衝突、分心與壓抑給占據。有時間能坐下來思考。最初，這些空間反而放大了不適感。我花了很多年的時間，細細鑽研所有回避內心感受的伎倆，研究如何退出身體、麻木自己。但現在，有些東西正在醞釀，準備噴湧而出，我感覺得到。

出門在外，層層衣物和口罩遮蔽下的我很堅強，樂觀地漫遊閒晃。回家後就不一樣了。摘下口罩、外套後，我就會從白日夢中驚醒。換個衣服感覺比登天還難，我幾乎沒怎麼洗澡，穿脫運動內衣的念頭光想便令我畏縮。那些希望的種子，那些美好未來的低語，都在我回到公寓的那刻煙消雲散。室外室內的反差加劇了我的不安，就像一條持續攀升、卻注定跌落谷底的直線。我又一次瀕臨那個邊緣，而不論多麼艱鉅、多麼搖搖欲墜——我都知道我得冷靜下來，不要害怕，要愛自己。

我繼續在諮商時間爬梳我與性別的關係。我慢慢掌握訣竅，能說出該說的話，不再無止境地哭。比起先前的全然失控，我開始能正視內心的折磨，聚焦放大，對於它為何非得如此痛苦提出質疑。為什麼我不能只是呼吸和探索就好？為什麼非得伴隨龐大的恥辱？

和艾瑪分居的確稍微減緩了我的焦慮。我太過執著並只在乎對方的感受，讓自己疲憊不堪。我感覺艾瑪的情緒總是比我自己的優先。關於這點，我很確定，是我刻意為之。回避、逃跑、麻木、切割——無不是我最擅長的花招。對自己有害，也對艾瑪有害。歸根究底，這一切都與艾瑪無關。

隨著夏天到來，我又穿上了超大號的T恤，又得開始東拉西拉、東張西望。商店櫥窗無法再令我腳步雀躍，人們也不再使用正確的性別指稱我。正是在這個時間點，我第一次認真動了接受乳房切除和胸部重建手術的念頭。老實說，我已經在腦中醞釀多年。第一步是去找外科醫生。我預約了一次諮詢，但最後沒去。我也說不上是為什麼，不確定是害怕還是大環境的緣故。

一天早上，我開車去玫琳・愛爾蘭（Marin Ireland）家接她，她住在雀兒喜區，是和我一起演《雨傘學院》的演員。我們開到了康尼島（Coney Island），戴上口罩、搖下車窗，開始聊天敘舊。我們有一小段時間沒見了。玫琳飾演西西，也就是我的角色在第二季中愛上的一位一九六〇年代德州女性。在歷來與其他演員的合作經驗中，和玫琳共演是最棒的經歷之一。她非常優秀，為人大方，而且超級無敵用心，以一種極為罕見的專注度沉浸於拍攝之中。

自從我們相識以來，我可說是一直找她商談我的性別困擾和不適。我們很快就成為朋友。在還沒見過彼此之前，我們的第一通電話就聊了兩個多小時，好像已經認識了很多年一樣。《雨傘學院》第二季讓我五味雜陳。一方面，我的角色更陽剛了，造型也比上一季更令我滿意，但鏡子裡的我依舊是我。我彷彿期盼角色造型能神奇地讓我改頭換面，而實際上也果真奏效了，維持了一下下，可惜鏡中的倒影立刻出面糾正我的想法。我的臉，我的頭髮，我想扯下它、拔掉它。

這段期間，玫琳是我的精神支柱。我不停地掙扎，而且不知道該如何表達。她幫助我、支持我，鼓勵我花時間照顧自己的健康，給自己一點空間。當我慢慢離真實的自我越來越近，無意識的羞恥便再度冒出，逼我棄械投降。不轉移注意力就很難生存下去。獨處讓我感覺漂泊不定。我多半坐在地板上，抽進太多的大麻，出於某種原因而不想坐沙發。一旦停下太久，變得太舒服，你便會找到自己排斥卻需要的答案。我的大腦正在想盡辦法繞過這題，避免它發生，要仔細考慮這一切實在太難了。我是一名演員、有一份上軌道的事業、跨性別者惹人嫌……等。

每走一步，木棧道就會發出空洞的聲音。它怎麼了？七月初，天氣炎熱。太陽的臉從雲層背後探出，朝大海灑下神聖的光束。大部分的地方都封了起來，整座遊樂園安靜得有點詭異。夏天的康尼島一向人山人海，但疫情終結了一切。不過，孩子們還是尖叫著在水裡嬉戲。爸爸們捧著漢堡和薯條。這一幕很有電影感，時間慢了下來。經過我們身邊的男人盯著玫琳看了太久，讓我很生氣。

我忘記我們把車停在哪裡，所以費了好一番功夫尋找，整天累積下來的壓力瀕臨爆發。我在我們終於找到車時哭了出來，泣不成聲。

我轉頭看向玫琳。「你覺得我是跨嗎？」

「呃，我很難回答這個問題，但從你跟我分享的所有事情聽來，還有從你始終沒有好轉、這一切對你來說有多麼痛苦上看來，我想有可能是。我覺得你的方向是對的，我知道這很難，但你不是孤單一人，你會度過這一切的。」

呼氣。

走入孤寂，將關愛留給自己

我的婚姻在那年六月結束，是個人意志上的，而非法律上。

我決定放棄我們合租中的房子。我的一位摯友在新斯科細亞的森林中有棟閒置的小屋，說我可以去住。我很久沒和媽媽見面了，所以去那裡似乎是最明智的選擇。這次離開美國的感覺和之前截然不同。國境封閉了，我因為是公民才能入境。我一邊將行李打包上車，一邊潸然淚下。疫情爆發之初，一切都充滿了未知，那時的我們正經歷一場前所未有的事件，而現在也還是。我不知道何時能再見到我的朋友們。

阿莫坐在牠的寵物座椅上，我跳上駕駛座，準備啟程。開車進出紐約每每讓我卻步。但一到了康乃狄克州後，就會被大片大片的樹木所環繞。緬因州的海岸讓我緊繃的神經放鬆下來，鹹鹹的海風迎面刮來，大海的氣息從敞開的車窗湧入，讓我想起了家，就快到了。

我在班戈（Bangor）停留一晚，把十三個多小時的車程切分成兩天。旅館很荒涼，但非常乾淨。我和阿莫早早就睡了，清晨六點準時繼續上路。

艾瑪也搬離了城市的住處，搬去蒙特婁。我們幾乎沒聯繫，所以我不確定艾瑪究竟住在哪裡。新斯科細亞規定的隔離期是兩週。我媽和她的朋友很好心，事先幫我在小屋裡備好了食物。除了幫我送來日用品，還自己煮湯、烤餅乾給我。

小屋外有條野路，可以通往一條未鋪設路面的車道。去到那裡就像進入活生生的童話世界。道路兩旁矗立著一排排黃樺樹、楓樹和松樹。還有一塊乏人問津幾十年的小果園，梨子和蘋果恣意生長，果子落得地上到處都是。野鹿踩踏過的蜿蜒小徑彎過高高的草叢，地上有蛇在爬，但都是沒有毒的種類。有幾隻蛇住在溫室裡，每次我去為植物澆水時——番茄、南瓜、胡椒、羽衣甘藍等——都喜歡和牠們打招呼。

小屋是最近才建成的。除了一張床和幾張躺椅，沒有其他家具。為了作品宣傳，我把電腦架在一個藍色的Coleman冰桶上，後面架起一盞環形補光燈。這裡網路訊號很差，想當然爾，網飛（Netflix）宣傳團隊可急壞了，還好最後一切順利。後來，我又在小屋裡添了張老舊的紅色鍍鉻金屬腳餐桌，這是我二十歲第一次在哈利法克斯租房子的時候買的，購入地點就在南街和巴靈頓街交叉口的車站旁邊。我之前把這張桌子送給了妮姬，而她現在不用了。我們最近又熟了起來，她便把桌子還我，時機剛剛好。

兩週的隔離一眨眼就過了，我在這段期間搞定了一大堆《雨傘學院》第二季的媒體宣傳工作。我很慶幸自己身處森林之中，這裡的寂靜和黑暗讓我的身體得以放鬆。生活基本上只有採訪和大量的睡眠。

阿莫過得樂不思蜀。牠在我們剛到的頭幾天看起來很緊張，成天坐在露台上凝視著森林，耳朵動來動去，腦袋瓜不停地轉動，轉向烏鴉、松鼠或鹿穿過灌木叢時發出的聲音方向。據我所知，牠從來沒待過類似的自然環境中。牠很小隻，體重只有三公斤多一點，所以我得時時注意牠。我真想讓牠在森林中自在地奔跑，但牠可能會被郊狼和狐狸吃掉，也可能會被老鷹、大鵰或烏鴉抓走。

我從來沒跟任何一隻狗建立起像我跟阿莫一樣的關係。我很愛每一隻我養過的狗，但阿莫與眾不同。我們總是形影不離，我對牠執迷至極，迷到心都揪在一起。阿莫是個充滿無限喜悅的小生命，無時無刻不散發著愛。阿莫帶給我很多東西——例行習慣、責任、散步，但最主要的是，牠擴展了我的心。我感受到了無盡的關愛，這是我從阿莫身上學到的。**在牠無言的幫助下，我開始將一部分的關愛獻給自己，並承諾要接受它**。

媒體採訪結束後，便再也沒別的分心事。我和阿莫一起玩，閱讀，時常徒步健走。我喜歡做家務、堆木柴、進行厚土種植（sheet mulching）、打理溫室。一股平靜沖刷過我，一種純粹的專注。這種狀態跟我身體裡的衝突形成強烈對比，大腦中的壓力讓我筋疲力盡，遮蔽了一切。我又回到不更衣、不洗澡、穿著同一套衣服睡覺起床的狀態。襪子和內衣褲可以換，但上衣不行。

其中一個週末，妮姬來小屋找我，我們一起去了蔚藍海灘（Blue Sea Beach），距離小屋差不多三十分鐘以內的車程。每到夏天，妮姬總是隨時做好去海邊的萬全準備，她的豐田 Prius 後車廂裝了陽傘、沙灘椅和毯子——太聰明了。加拿大的海水浴場涵蓋了好幾個壯闊的海灘。我們停好車，把所有東西拖到長達一．六公里的海灘上。我們設置好基地，海邊的人不是很多。妮姬穿著她的連身泳衣，我則穿著四腳褲和運動內衣，因為我沒有泳衣，而且沒有很久了。

我們脫掉上衣，我低頭查看。我的乳房擠在緊身的耐吉運動內衣裡。這件是我在拍攝《雨傘學院》第一季時買的。第一次試裝時，我走進現場說：「我一定要穿運動內衣，因為我得把胸部壓下去。」我已經很久、非常久沒有這麼直接地針對身體和服裝提出需求了，但因為和我一起工作的這群人令我感到安全，所以才能不必擔心被說三道四、被貶視，能夠坦率溝通。

我和妮姬幫彼此抹上防晒品。她悠閒地晒著太陽，在自己的身體裡顯得自信大方。我就很難放鬆，老是如此。我翻來翻去，偷瞄一眼我的胸部和腹部。我一直很努力鍛鍊核心，恨不得那裡的平坦能往上延伸到軀幹的其他地方。我們一邊等防晒吸收，一邊吃著洋芋片和爆米花。暑氣猛烈，我很慶幸有陽傘，也很感激妮姬準備周到。

我很興奮，準備好要下水，於是起身朝海浪走去。我快跑起來，邁開雙腿奔進大海，每一步都濺起水花，海水出乎意料地溫暖。諾森伯倫海峽據說是維吉尼亞州以北最溫暖的海域，因為水深很淺，約在十七公尺到六十八公尺之間。這座海峽讓新斯科細亞和愛德華王子島隔海相望，這裡的日落總是令人驚豔。我潛入鹹水中，上一次下海已經是好久以前的事。我在洛杉磯衝過幾年的浪，和前女友莎曼珊交往時幾乎天天都去。我的確很懷念衝浪，衝浪雖然恐怖，但也同樣療癒，很容易理解為什麼人們會上癮。那種刺激感、那種連結，會讓人用嶄新的方式看待海洋。

我往更遠的地方游，水是暖的，但依然有清涼的感覺。眼睛睜得很痛，於是我在心裡默默筆記，得將蛙鏡列進我的後車廂海邊裝備才行。我從水面站出來，溼透的馬尾沿著我的背滴水。我的身體有些僵硬，不是因為冷，而是因為我又瞥了一眼。那一眼將我從當下抽離。我不由自主低下頭，下巴貼上脖子，就像我每天時不時都會做的那樣。我的內在糾結、眉頭緊皺，對一具無法運算的身體感到困惑。猶如一道錯誤的計算，而我沒有答案。它讓我筋疲力盡，而且每況愈下。*我要怎麼一輩子這樣下去？*

我下水不久後，妮姬也跟進。我拿毛巾擦乾身體，避開胸口。我把毯子鋪在陰影下，趴上去，被擠壓的胸部嘲弄著我，喚醒我的記憶，命令我想起。我閉上眼睛，在海浪聲的安撫下逐漸睡去。

我和妮姬在沙灘上午睡片刻，醒來時已經該是離開的時候了。我套上T恤，一起把東西收拾好。走回車子的路上，我看了看四周玩得很開心的人們。孩子和他們的沙堡。兩名身上只穿著泳褲的男人來回扔著足球，球帶著完美的旋轉飛出去。一位女子在只有一半的那種沙灘帳篷裡整理著零食，孩子們跑上前找她要果汁和番茄醬洋芋片。我的大腦像沙子一樣滲。

其他人是怎麼做到的？他們是怎麼關掉那些噪音的？我說的不是「快樂」，他們有可能並不快樂，但他們似乎至少得以存在。

人們以一種我渴望擁有的流動性存在著。身體的動作與當下交織，與生活互動，我很久以前便遺失了這套機制。我需要我的日常習慣，我需要特定的食物。變化或干擾會讓我陣腳大亂，而我無法忍受，因為我不能失去控制感。我所能做的只有苦撐。每一天我都緊緊抓住，緊緊自縛，構成某種堵塞。而我需要排清傷口。

晚上，我們圍坐在營火旁邊，緊挨著彼此，共吸一根大麻菸，躺下凝望星空。我望向果園，那裡月光綽綽，疏影橫斜。樹林後方的黑暗讓我感覺自己一無是處，沒有半顆星星會引導我到安全的地方，我不會說它們的語言。

我和妮姬雖然多年沒見，重逢之後卻立刻找回了當年的默契。執筆的此刻，我下週準備要開車北上新斯科細亞。這將是我公開跨性身分後第一次回去哈利法克斯。我抓得沒那麼緊了，心情也放鬆了些，終於有空間容納這一切。我渴望待在妮姬身邊。我想擁抱她，凝視她的雙眼，給她看看我變成了怎樣的人，向她證明我做到了。此刻是七月，所以我相信海灘裝備又要出動了，而這一次，不會再有馬尾，也不會再出現可恨的運動內衣。只會有老友一對，一起張開毛孔、享受人生。

妮姬離開小屋後，森林又只剩下我一個人，正投我所好。在這之前，我不確定自己是否能成為那種在森林小屋中獨處數月的人，但事實證明，我就是這種人，而且這麼做說不定是必要的，給我機會好好理清自己的大腦。**我必須孤立自己，必須拒絕成為某人的某物，或某樣東西的誰**。為了想找出問題所在，我已用盡氣力、精疲力竭，從一處跑到下一處，自欺欺人，妄想我能找到它。然而，答案存在於寂靜之中，唯有當我選擇傾聽才會現身。

27 ✦ 跨過去的入口

待在小屋的那段日子，我發現自己又拾回了創造力。我那習慣在鏡頭前使用的肌肉突然之間蘊藏了無限的可能性。我和一位老友，碧翠絲・布朗（Beatrice Brown），開始合寫劇本。

我是在十六歲認識她的。當時我在新斯科細亞的榭爾本（Shelburne）拍完一部電影，隔天立刻飛越大西洋。我拿到一部片名叫做《嘴對嘴》（*Mouth to Mouth*）的主演機會，接下來將在英國、德國、葡萄牙拍攝。那是我第一次去倫敦，也是第一次去歐洲。我飾演雪莉，一名逃家的十六歲少女，她在肯頓（Camden Town）加入了一個叫「火花」的激進組織，並跟著他們前往位於里斯本郊區的公社。就像所有電影演的一樣，事情出了差錯，雪莉必須想盡一切辦法，在為時已晚之前逃出控制欲強、又會虐待人的組織首領魔掌。

小碧飾演南西，一名從小在非法占屋長大的青少年，跟她本人的經歷一樣。事實上，這個角色的部分原型就是小碧，她經常開著一輛小休旅車在歐洲四處流浪，擅自占據無人的空地或廢棄的工業區。她的生活充滿K他命、非法狂歡派對和大量的龐克樂。小碧組過一支名為碧史黛拉野獸（Beastellabeast）的雙人樂團，成員是史黛拉・洛瓦（Stella Nova），也就是史蒂夫・紐（Steve New），她是曾經與富家子弟樂團（Rich Kids）、伊吉・帕普（Iggy Pop）和X世代樂團（Generation X）合作過的傳奇吉他手。你的一生中很難認識像小碧這樣的人，就算真的認識，也絕對寥寥無幾。她不怕人們用愚蠢的想法看她，就算會，去他的，她也會正面迎戰。

抵達倫敦的第一個晚上，小碧帶我去達爾斯頓（Dalston）各處的非法占屋晃了一圈。我從來沒去過非法占屋。我們去見了小碧的友人，他們住的那間屋子地板和牆壁都是半灰半白的混凝土，光線很暗。空間裡散落著裸露的床墊、睡袋和毯子。我們準備離開時，一位看起來神經兮兮的老兄朝我們扔出一個燈泡。我們連忙往外走，燈泡砸碎在人行道上。我很擔心狗狗會踩到。

「這裡叫做謀殺大道。」小碧說。她穿著破爛的白綠相間復古洋裝，其中一邊的乳頭從洞中露出來。

下一間屋子的氛圍截然不同，幾乎稱得上時髦。那是一間帶有大後院的老舊聯排式住宅。這地方很有特色，光線透過半修半補的窗戶裂縫照進來。裡頭擠滿了人，有的人用投影機在看電影，有的人隨著音樂起舞，還有人在閒晃。總有人不斷主動分你某樣東西。

我在《嘴對嘴》中拍了我的第一場床戲。對手演員是艾瑞克・泰爾（Eric Thal），他的年齡比我大一倍，飾演激進組織的首領。這場戲不浪漫也不親密，而是充滿強迫與虐待。場景發生在葡萄牙的一座葡萄園，是戶外，主屋後面，旁邊有雞在四處啄食。我頂著剃了半邊的頭，穿著一件破爛的牛仔背心，上面畫滿黑色簽字筆塗鴉。艾瑞克光著上半身，肩膀寬大、軀幹精壯，在上方高高地俯視我。他的臉部輪廓被剃得短短的頭襯托得清晰而飽滿。他不太和我及其他人說話，這當然沒什麼，沒人規定一定要聊天。不過我確實懷疑，他是不是因為奉行方法演技才故意和其他人保持距離。

那場戲很殘忍。我幾近全裸，冰冷的背緊貼著堅硬的地面，而艾瑞克不知出於什麼原因，一直貼在我臉前幾寸的地方大叫。他會站起來，走開，語無倫次地喊叫，然後再回到我身上。除了我，似乎沒人在意。拍完最後一個鏡頭後，導演在我身旁的鵝卵石上坐下，哭了起來。我安慰她。

我和碧翠斯成年後曾聊起這段時光，回顧我們的行為、其他人的行為。當時看似清晰純粹的事情變得模糊曖昧。但我可以一邊這樣想，一邊確信這是我生命中最重要的時光之一。

坐在敞篷小貨車的後座，車子駛過葡萄牙鄉間，我的馬尾隨風飄揚，巴布．狄倫透過喇叭大聲歌唱，西班牙栓皮櫟（*Quercus suber*）飛快掠過，這種樹常被用來製作軟木塞，足足占了葡萄牙森林的四分之一以上，到處都是。它們粗厚而凹凸不平的樹皮被割下來運往世界各地，露出底下的暗紅色樹幹。這顏色讓我想起愛德華王子島上的紅土。這種樹高達二十公尺，枝幹扭曲，直衝雲霄，炫耀著它們那不會掉落的革質葉子。它們是如此堅韌，一次又一次地長回新皮。我敬畏地仰望在道路兩側無盡排列的它們。我喜歡它們的形狀、它們的自豪，喜歡它們不完美的美。這是那些為了永不遺忘而深深吸氣的時刻之一。

這兩種感覺可以並存，構建出整體，構成一種我不願交換出去的充實感，某種舊日情懷湧上時會想要回想的事物。

我和小碧總是嚷嚷要一起合作開創一項計畫，而現在──她在牛津，我和阿莫在我的小屋──終於有時間著手進行，我們建立起例行的習慣、紀律，並在卡關時持續推進。過程很有趣，我發現自己正在以不同的方式拓展著想像力。我在小屋的布告板上釘上不同顏色的便籤，花幾個小時和小碧討論、寫作。思考。

我們震驚地發現以前的自己是多麼容易分心，多麼容易為了某事、某人而放下自己的生活。讓自己陷入一段不健康的關係中，還讓那段關係無止境地占據、占滿我們的對話。一些會分散注意力、會阻礙進展的東西。就我的狀況來說，我渾然不覺大腦竟然還有空間，不知道我竟然能專注這麼久。真相在心無雜念後顯現，我能感覺到它在我肩膀上，但我依然害怕轉頭去看。

取消了那次與紐約外科醫生的初次諮詢後，我就沒再重約。我發現自己竭力回避這個問題，對任何知情的朋友都閉口不談。我迷失在混亂的漩渦中，只會向諮商師傾訴，甚至也不是所有的事都會跟她說。

我只是需要學習自在一點。

我太極端了。

我只是需要更緊的運動內衣。

你不能，你是個演員。

忍住。

忍住。

忍住。

我又要一百八十度大轉彎了嗎？也許再回轉一次，就能帶我回家，帶我回到幾乎快抵達的時候，讓我在最後一刻跌跌撞撞地跳上火車。

我拉了一把藍、綠、白相間的躺椅坐在前廊，我擅自把這個角落當成我的地盤，八成是我度過最多時間的地方。撰寫這段文字的當下，我也坐在這裡，從同一扇窗戶望出去。雜草和野生植物長得更高了，頂部比窗台高出三十公分左右。院子坡度最高處的盡頭有堵樹牆。夏季明亮的樹葉尖端在正午的蔚藍中搖曳，堅毅不拔的常青樹夾雜其間。

每當我遇到任何認識我的人（真的懂我的人），腦海便會再次浮現這個問題，於是我問小碧：「我是什麼時候第一次跟你說，我可能是跨性別？」

我很訝異，竟然是那麼久以前的事，就在我二十九歲生日前夕。

「第一次是在我還住在史特勞德的時候。你沉默了好久，然後開口問我覺不覺得你是跨。當時你的情緒就像滾燙的海嘯一樣湧上，時間慢了下來，所有東西都被放大了，感覺如釋重負。我們一起長大的那些年，這個話題一直藏在那裡，那時我們還不知道如何去說，至少我自己還不知道，只有隱隱約約的感覺。所以當它化為話語時，有一種溫馨的對照感，某種起初難以啟齒的東西，但又是如此簡單輕盈，一種世界活了過來的感覺，感覺和你的生命核心產生了共鳴。」

我可以斬釘截鐵地說，如果沒有小碧，就沒有今天的我。

該死，我回轉了太多次，看來記憶已經被暈到扭曲。小碧的這番話讓我陷入回憶。我想起我問過、告訴過的那些朋友。我一遍又一遍地將這個念頭壓下去、壓下去、壓下去。我繼續扮演下一個角色、拍下一組照片、談下一段感情、飛往下一座機場、找下一件更緊的運動內衣。**我不能再逃避了**。

我每動一下，藍、綠、白相間的躺椅就嘎嘰作響。深夜裡，再細微的動作都能驚動一隻默默站在黑暗中而我沒察覺的公鹿。公鹿被嚇跑的騷動讓阿莫跳了起來，真是隻稱職的看門狗。

我的大腦轉個不停。我在白天寫作、讀書、隻身踏上長長的健行，而我其實不該一個人這麼做。當夜幕降臨，天空的夜色垂到森林地面，除了遙遠的卡車在遠方道路駛過的聲音，周圍一片死寂。在這片寂靜之中，它將轟然倒塌，但我已無話可說，無計可施。我感覺自己被困住，沒辦法脫下衣服，得穿著鞋子睡覺。燭光在窗上閃爍，幾乎看不清我的倒影。我低頭看向我的手，握緊。話語總是千篇一律，我該做的唯有閉嘴。

我握緊拳頭，指關節凸起，狠狠揍了自己一拳。我訝異於自己的魯莽，往下瞥一眼我的手，仔細檢查起拳頭兩面，然後，碰！又一拳。再一拳。更用力。更狠。我往臉上揍，就揍在右眼旁邊。其他力量也在作用著，想將它擊潰。

瘀青顯現。過幾天我要見人，有朋友要來附近的另一間小屋暫住。我得湊出一套說法搪塞過去，或找出掩蓋瘀青的方法。

說我跌倒？撞到桌子邊？

聽起來太假了。我不停冰敷，忍不住一直照鏡子。

還是說我躺著被手機砸到？

瘀青太大了，不可能。

乾脆直接說實話？

不，我不會說的。我試圖用粉底遮住瘀青，用手指輕點，嘗試不同的方法。效果還不錯。

我的臉很痛，但那股痛楚主要來自羞恥與內疚。自己對身體所做的事，以及那個掩飾自虐的自己，令我感覺糟透了。穿著鞋子睡覺是一回事，揍自己的臉又是另一回事，是個轉捩點。那道瀕臨的邊緣就這樣出現了。身體總是比我聰明。

幾天後，我回到最喜歡的椅子上，看著樹木在強風吹拂下陣陣擺動，像鐘錶一樣規律。搖擺的樹枝攪擾了傍晚的陽光，光束穿透其中，順著幅度優雅地翩翩起舞。我拳頭留下的印記消退了些，痛感也是。布萊恩．伊諾（Brian Eno）的《樂音》（*Discreet Music*）專輯在唱片機上旋轉播放。

我突然回想起那天和妮姬待在海灘上的感覺。我的胸部，我的頻頻低頭查看，想要施加更多壓力，卻又鄙視這種提醒。總會有提醒冒出頭來。我沒辦法洗澡，沒辦法脫掉帽T，沒辦法不帶焦慮地進食，甚至根本無法進食。哀傷籠罩著我，悲憤交加，氣自己為什麼不能乖乖存在就好。我被淒愴之情折磨得筋疲力盡，大腦瀕臨崩潰，懷疑自己是否禁受得住。

然後，事情發生了。

你不必非得這樣覺得。

是那個聲音。

我不必非得這樣覺得？

那個該死的聲音。

你不必非得這樣覺得。

我不必非得這樣覺得。

這一刻並非憑空湧出的奇蹟之水。這是一段長得要命的旅程。然而，這一刻的確來得簡單，一如它理當如此簡單——決定開始愛你自己。**這趟旅程上出現過無數個岔路口，而我不止一次走錯了路，又或者沒走錯，我猜這取決於你怎麼想。真相大白令人痛苦，但它會引導你找到自己。**

總算出現了，一道入口。現在該是跨過去的時候了。

28 難以言喻

《雨傘學院》第三季預計將於一月開拍。假如不能在三個月內動手術，就表示得再等一年。我沒有心思擔憂，也沒有時間猶豫。我今年三十三歲。自從下定決心的那刻起，我腦中便沒有半點雜念，耳邊也無人低聲勸我三思。我約到了一個月後的諮詢會診，院方認為時間有點趕，應該是來不及動手術。

這時，有別人取消了預約。我與外科醫生的初次會診往前挪了兩個星期，十一月十七日釋出了一段能動手術的空檔，剛剛好趕上。我原以為我和醫生視訊的時候會激動難抑，結果卻意外地平靜。整場會議只有微笑。我感到被傾聽，感到安全。我整個身體都深吸了一大口氣。

要寫出這件事很難，因為有許多正在閱讀本書的讀者，他們得經歷漫長等待才有機會動手術，甚至一輩子都缺乏獲得性別肯認照護的機會。我可以想像，一定有人會對我所擁有的特權與相應的機會而感到生氣、怨恨、惱火。疫情期間我可以不必工作，有時間反思。我所在的國家動性別重置手術並不違法，我負擔得起私人診所費用，也付得出將近一萬二千美元的手術費。我有地方住，有願意花心力照顧我的朋友，休養期間我有東西吃，馬上就有工作可以做，而且是一份我能做自己的工作。我不必仰賴可能會讓我等上好幾年的醫療系統。

雖然我真的極其幸運，但這種認為跨性別者理應為這些零零瑣瑣的事──這些我們努力爭取來的、並且持續在爭取中的事──感到「走運」的觀念非常不合理，也很具操縱性。實情是──我差點沒撐過來。**我過去無法想像自己能擁有此刻終於擁有的。我眼裡所見淨是無盡的空虛，一道我永遠無法破解的謎**。無止境的，難以訴諸言語的，深不見底的絕望。對於自己所擁有的一切──構成夢想的事物──感到羞恥。我任由自己下沉，無所作為，擔憂撲天蓋地，看不見眼前的一切。我沒有必要非得感激得卑躬屈膝。難道我不感激嗎？我感激死了！但人人本來就應該享有性別肯認與救命醫療服務的機會。理當是如此。

我在十一月十二日早上六點離開小屋。行李全部打包上車，阿莫坐在寵物座椅上，冰桶裝好汽水和花生果醬三明治，油箱加滿，準備踏上接下來兩天的車程，前往多倫多。我的行李量以一個接下來要在安大略待上十個月的人來說並不算多。當初從曼哈頓開來新斯科細亞時，我沒料到自己會離開這麼久。我以為疫情會穩定下來，國境會在夏末重新開放。我錯了，一切才剛開始而已。

空氣涼爽，天還矇矇亮，霧氣在我蜿蜒穿過溫特沃斯，朝阿默斯特（Amherst）前進時逐漸散去。太陽升起，雲層翻捲，天氣時晴時雨。就在我跨越省境進入新布倫瑞克時，天空出現一道巨大的雙層彩虹。旗開得勝，我揮了揮手。

我原本計畫要將十六個小時左右的車程平均分配至兩天，但十一月十二號那天上路後，我整個人活力滿滿。沒放音樂，沒播有聲節目，也沒找人講電話聊天，我飛快駛過原先準備過夜的地點，半點想要慢下來的念頭都沒有。當我把車停在蒙特婁舊城區的一間旅館，已經是魁北克的晚上六點了，整整在車上待了十三個小時。我帶阿莫簡單地散了個步，從沒見過蒙特婁如此空盪寂靜的樣子。明天早上只需要再開五個小時的車。靴子踩在鵝卵石上的感覺很好。

手術前需要進行血液檢查和心電圖檢查。我沿著皇后街向東走，前往生命醫檢中心，每踏出輕快一步，都縮短了我與終點的距離。手術當天，十一月十七日，因為疫情關係不允許陪病，於是我隻身走進診所。是馬克載我去的。怪的是，我並不緊張，只一心盼望著時間流逝，盯著亮晃晃的天花板看，感覺自己離它越來越遠。

我是當天第二台手術，下午一點鐘。手術前不能進食也不能喝東西，連水也不行，但這點不礙事，因為我的胃什麼都不想要。我在一間小房間裡等候，裡面有床、電視，以及一張小桌子，上面有盞溫馨的檯燈。護理師進來測量我的各項指數，並解釋接下來的所有流程。早上的手術延誤了，所以我可能還要再等一陣子。我縮在床上，沒看電視、沒讀書、沒聽音樂，就這樣躺了三小時，直到手術時間到。我一直抱著自己，就像誕生在這世上的前一刻。

手術台上。頭頂有燈。嘴巴被蓋住。下沉、下沉、下沉。

手術結束大約三小時後，馬克來接我。他進來房間時為我拍了張照。我躺在那邊，半撐著上半身，興奮得要命，穿著一件黑色的壓胸背心，我的乳頭才剛被取下又貼了回去。我的臉和眼睛都盈滿笑意，全身上下洋溢著滿足感。呼。

馬克開車載我從約克維爾（Yorkville）的診所回家，回到皇后街與巴佛士街（Bathurst）交叉口附近，我們住的地方。我的朋友玫琳正在多倫多拍攝另外一齣劇，但她那個月剛好會回紐約，所以讓我們借住她家。我們在她舒適、天花板低矮的客廳臥榻上為我布置出一個窩。馬克則睡在樓上的臥室，牆上有一大面窗，可以俯瞰一座漂亮的木製露台，露台上經常有浣熊出沒。

以手術的規模來說，康復的過程感覺很合理。在那頭幾天裡，藥效強得很，情緒像血液一樣從懸掛的管子中滲出。可憐的馬克得應付我突然湧上的哀傷和憤怒，聽我怨嘆所有失去的時間，待我傾洩所有自我厭惡的情緒。他陪在我身邊，傾聽著我，揉揉我的背，耐心伴著我。他監測我的用藥狀況，測量排出的血液量，血液從兩邊的腋下滴出，透過兩根管子排掉。我的腰部兩側底下各掛著一包半紅半透明的小圓袋。

我很感謝止痛藥、《創智贏家》（*Shark Tank*）和《超市料理爭霸賽》（*Guy's Grocery Games*）的存在。我相信馬克具備了參加《超市料理爭霸賽》或《廚藝大戰》（*Chopped*）的資格。從印度扁豆糊到蘋果酥，每時每刻都有美味的東西正在燉煮著。沒有食譜，輕輕鬆鬆，道道都好吃極了。

馬克陪了我一個半星期。術後幾天，我的精神總算清醒了些。吃完飯後，馬克玩起他帶來的Omnichord，那是一款最初開發於一九八一年的電子音樂合成器。機體不是很大，可以輕鬆放在大腿上。有了它，從鼓聲、吉他到風琴，你便坐擁一切，一方小小的電子世界任你探索。旋律配著飯菜緩緩醞釀，節奏漸漸在餐桌成形，吃了一半的爆米花袋也貢獻出有趣的音效。

我們在一間小小的空房間設置起錄音區，湊出對的歌詞和韻律，設定好音調和感覺。馬克帶來了一台四軌錄音機和一隻麥克風，我們開始一點一滴把歌曲做出來。我們擠在一起，窩在地毯上，聆聽回放、重新錄音、抄寫歌詞、調整用字，對自己的創作又笑又驚又喜，全然沉浸於創作中，沉浸在彼此身上，沉浸於當下，就像回到了孩提時期。能與這些歌曲永遠相伴的我們是多麼幸運。能擁有馬克的我是多麼幸運，我的愛人。

這是我們自東歐背包之旅以來，相處時間最久的一次。自《鴻孕當頭》首映會後整整十三年過去，漫漫長日又帶我們回到了那個寒冷冬季，回到多倫多皇后西街。在多倫多國際影展上，馬克是我邀請來的嘉賓。我永遠無法忘記他看見頂著快要完成全副妝髮的我臉上的表情。他的眼睛瞪得大大的，露出一副驚嚇的樣子，臉上明顯帶著關切。我很想把他拉到一旁解釋一切，但又有什麼好解釋的呢？

這樁事件後，我們有一陣子斷了聯繫。我們不再住在同一座城市，我也刻意躲起來、讓自己消失。我不想看見他臉上那副表情，我不想被人提醒我早就知道的事。一切都感覺別無選擇。我們從來沒有真正談過這件事，我覺得很尷尬、很羞恥，覺得背叛了自己就好像背叛了他一樣。

他知道那時的我不是我。而現在，他知道那的確是我，是過去的我。

手術幾天後，我們開車去海柏公園（High Park），我們十幾歲時經常鬼混的基地之一。我高估了自己的體力，散步到終點時已經快要虛脫。我深呼吸，走得很慢，不願承認我可能到不了終點。上坡時，我畏縮了。閉上眼睛，我感覺馬克握住我的手，緊緊地捏著，我們就這樣成功回到了家。

兩週後，我恢復得差不多了（某種程度上）。只不過，接下來的幾個月內我都不能抬任何重於二．三公斤的物品。我自己住，所以獨自更換乳頭上的繃帶也是一項挑戰。那幅景象每每令我一驚，瘀青、無法辨識、冒著微小的血泡，**每次都會以為我做錯了什麼，接著每次都學到自己並沒有做錯**。我期盼和壓胸背心永遠說再見的那天到來，期待將胸部向前一挺、無拘無束的感覺……難以用言語形容，更像是一種奇想。但這不是我的想像。它總算即將化為現實。我不得不暫時克制我的想望，靜靜等待時間流逝，否則時間便該死地動也不動。還得再等幾週。

對我來說最痛苦的部分是拔掉引流管的時候。為了凍結腋下的小傷口，一根又一根巨大的針頭刺入我的腋下。護理師站在我旁邊冷靜地說話，而我努力不去在意、努力接受這股痛楚。當兩側都封好後，外科醫生準備拔掉管子。護理師開始倒數，三、二……一，醫生一拉，皮膚下的管子便開始蠕動，像條憤怒的蟲子從我體內被擠了出來。

我在網路上下單了太多的開襟襯衫。多半都太大了，但也有幾件能穿。我一件件穿上，一邊看著鏡中自己的側影，臉上展露大大的笑容，我伸手從脖子一路摸到腹部。彷彿一場小小的時裝秀，蒙太奇式的鏡頭持續上演了好久好久。我的手機相簿被我的平胸、新的弧度和那抹笑的照片塞滿。一如事前所料，傷口癒合得很好，左側稍微晚了右側幾天。

脫下背心、不用再貼乳頭繃帶後……該怎麼說呢，那種感覺實在難以言喻。

故事還在繼續

身為跨性別者，又是公眾人物，我感覺自己一直在懇求大眾的信任，而我想大多數的跨性別者都深有同感。我厭倦了眨眼和點頭。二〇一四年出櫃時，絕大多數的人都相信我，並未要求我拿出證據。然而，與此刻相比，我當時所遇上的仇恨和反彈簡直不足掛齒，差得可遠了。我以同志身分出櫃的時候，向身邊親近的任何人揭露都不會讓我感到緊張，但這次開口的感覺很不一樣。我的確會擔心一些朋友會在背後怎麼議論我，不知道他們看我時，內心到底都在想著什麼。

我受夠了別人對於我身體那些不舒服的關注，也受夠他人老是一股腦視此為不成熟的舉動（這點我早就領教很久了，但從未像現在這樣嚴重）。而且不只是來自網友、路人、派對上的陌生人，更來自朋友和熟人。

「你看起來好可愛。」一位朋友在頒獎典禮後的慶功宴上說。那人是普立茲獎加持過的社會進步分子。當你感覺自己是個瀟灑型男，而且可說是生平第一次在活動上有這種感受，結果朋友竟拋出這句。去你的「可愛」。

「哇，我最好的朋友竟然是跨性別者？」某位女性摯友對於我真實的樣子如此回應。

「我想，這種事我不方便說什麼。」當我告訴一位最要好的朋友，說我打算進行乳房切除和胸部重建手術時，她經過一番長長的停頓後才擠出這句話。而她是我最初分享此事的人之一。她想說的話，全都透過「不方便說什麼」一覽無遺，而且她還接著說了很多，自顧自發表了許多高見。後來我有很長一段時間無法和她講話。

「我朋友想知道你有考慮動另一項手術嗎……」「你的聲音嚇我一跳，但我會適應的。」或是最經典的那句：「這麼做不會讓你得到所有解答，你知道的吧？」

廢話。沒有什麼事能提供解答。

朋友會開玩笑，說我的鬍子長出來了，也會拿我該取什麼名字打趣。一年半過去，很多人還是覺得難以用對的性別代稱叫我。我耐心以對，因為我們都在不斷學習，而我自己也犯過同樣的錯，只是有時耐心會變得薄弱。我知道這些狀況和這些話語也許看起來沒什麼大不了，但是，**當一個人的存在不斷遭受質疑、不斷被否認，這個過程便足以讓那人精疲力盡。赤裸裸被攤開的我，渴望著一絲溫柔**。

實情是，從許多方面來說，我的故事還在繼續發展。我已經接受了一年多的睪固酮治療。每週五我總是興奮又滿足地起床，在生活中嘗到一種新的平靜。我為自己注射四十毫克的睪固酮，**我正在改變，我正在成長，這一切還只是開始而已**。

讓我與你一同存在就好，比任何時候都更加幸福。

29 暴力蜜桃

我和馬克早早就抵達了位於皇后東街的歌劇院，超級早。我從來沒為了一件事提早那麼久去排隊，而且還是排在隊伍最前頭的幾個人之一。我們在多倫多的冬天裡瑟瑟發抖。今天是暴力蜜桃的演唱會。這是她第二張專輯《幹恁老爸》（*Fatherfucker*）的巡迴演出。我曾經聽著這張專輯跳舞，舞姿相當地「幹恁老爸」。上身裸露，僅穿著緊緊的運動內衣，百葉窗降下。

一進場，我們立刻小跑步奔向舞台，身體緊緊貼在觀眾席最前方。我煩躁地等待暖場嘉賓唱完。他們其實唱得不錯，但要等他們結束再等暴力蜜桃登場，實在太過煎熬。觀眾持續湧入場地，燈光一下紫一下紅。這場演出爆滿，來了大批大批的酷兒觀眾，可以說是那時的我所去過最酷兒的地方。

行刑者樂團（The Stranglers）的〈蜜桃〉（Peaches）響起，燈光漸暗，暗示她即將登場。

腳下踩著沙子，看看那些桃子

那首歌只有四分鐘出頭，那天聽起來卻特別漫長。我在查這首歌資料的時候，心裡預期少說也有個七分鐘左右吧。歌曲結束了。謝天謝地。暴力蜜桃接著現身。凶猛、自信、性感、無懼，身上幾乎一絲不掛，僅穿著緊身粉紅內褲和一件黑色胸罩。〈把屌甩起來〉（Shake Yer Dix）音樂一下，舞者胯下的假陽具便搖起來、挺出來。全場陷入又搖又辣的酷兒魅力之中。

女孩男孩飢渴中
躺下然後發動
等不及那個抽送，快快快給我
慢慢磨又扭，想要多更多
把屌放在空中甩，把奶都搖起來
我會是我，你會是你
把屌放在空中甩，把奶都搖起來
讓我也成為你

汗水、煙霧機、屌和奶子……表演精采極了，但到了下半場時，暴力蜜桃的臉突然扭曲起來，半彎著腰，搖搖晃晃，彷彿快要失去平衡。觀眾席瀰漫著一股擔憂。她身體前傾，雙手撐在膝蓋上，低下頭開始乾嘔。音樂暫停了。她跌跌撞撞走到舞台邊，吐出一口鮮血，噴得觀眾滿臉都是。音樂再次響起，所有人都尖叫起來。我渾身都是假血。我雙手舉向空中，暴力蜜桃抓住我的手肘一路向上摸到手腕，把我整隻手抹得鮮紅一片。

她以一種很少人能做到的方式徹頭徹尾地做自己，或者說，至少在我的生活中沒有幾個人能做到。對當時害羞的我來說，她如此生猛又赤裸的能力令我嘆為觀止。她坦蕩地活出性感、大膽與侵略性，她的作品充斥著美麗而脆弱的時刻。但願我也能如此自信、自由，好擺脫困住我的恐懼。

亢奮的我們決定不搭輕軌，改沿著皇后街向西走五．二公里回家。我前臂上的「血」在路燈下閃閃發亮，我和馬克一邊在人行道上蹦蹦跳跳一邊盯著它，細細品味這幅作品。她還在我們身邊，那場表演依然跟著我們，這是我見過最酷兒的事物，是個潛在的新世界。我不想失去它。我想珍惜這份遺蹟。

洗澡時，我把手臂從浴簾旁邊伸出去。那時正值冬天，反正每天都會穿長袖，沒差。我留了快兩週才洗掉。暴力蜜桃在一名十六歲跨性別少年心中，種下了我在其他地方找不到的東西。她留下一道聲音說：**去他的恥辱，去他的性別刻板印象，去他的壓抑欲望，去**

他的逃避真實的自己。

演唱會所賦予我的不只是被我帶回家的假血，還有一種發現新大陸的感覺。我踏入了全新的維度，在那裡，我切身觸碰到了我的酷兒認同；在那裡，我與和我一樣的人一起在人群中跳躍搖擺。這個空間是為歡慶而生，而非嘲笑。

我記得演唱會結束走出大門時，一名剃了半邊頭的女子問我們：「你們兩個幾歲？」

「十六和十五。」我們又嗨又亢奮地說。

「真好！」她大吼，看起來驕傲又開心。彷彿天下一切太平。

我深吸一口氣，將氣息一路向下送往腳趾，我想留住這份感受，把這份愉悅、這剎那間的自愛收藏起來。和馬克一起冒著嚴寒回家的路上，我感覺兩隻腳底牢牢貼著地面，一隻接著一隻。我感覺自己正朝著對的方向前進。

致謝

感謝一路上幫助過我的人，感謝你們讓我感覺活著、感覺臨在，讓我有能力提筆寫下這本書。

我想特別謝謝茱莉亞・山德森（Julia Sanderson）為年輕時的我樹立了酷兒認同的模樣，對我影響深遠。如果沒有你無盡的愛與支持，我不可能寫得出這本書，也不可能有今日的我。

感謝我傑出的編輯布琳・克拉克（Bryn Clark），謝謝你對我有信心，也對這本書有信心，並將它化為現實。我真不敢相信自己怎能如此幸運。感謝我的英國編輯，巴比・莫斯汀—歐文（Bobby Mostyn-Owen），謝謝你的才華、洞見和心意。

感謝我在UTA的演藝代理，艾伯特・李（Albert Lee）和皮拉・昆恩（Pilar Queen），謝謝你們比我還早相信這個計畫真的可行，謝謝你們敦促我、逼我為它擠出時間。謝謝梅勒迪斯・米勒（Meredith Miller）和柔伊・尼爾森（Zoe Nelson）的辛苦付出和熱情。感謝我的經紀人凱莉・布希・諾瓦克（Kelly Bush Novak）陪我走過這段旅程，謝謝你過去所做以及持續在做的一切。感謝柯特妮・巴雷特（Courtenay Barrett）、亞曼達・派勒提爾（Amanda Pelletier）及ＩＤ公關公司的所有人。謝謝總是罩著我的凱文・約恩（Kevin Yorn）。

謝謝照顧我的醫護人員，要是沒有你們和你們的照護，我此刻不可能打下這些字。

感謝所有寫書時接到我聯繫的朋友，謝謝你們的指引和協助——湯馬斯・佩吉・麥克比（Thomas Page Mcbee）、查斯・史特藍吉歐（Chase Strangio）、蘿倫・麥瑟森（Lauren Matheson）、科蕾西・克萊門斯、麥迪森・瑞蓮（Madisyn Ritland）、馬克・藍道爾（Mark Rendall）、史塔・阿莫阿蘇（Star Amerasu）、尼克・亞當斯（Nick Adams）、寶拉・羅賓斯（Paula Robbins）、布莉特・瑪琳（Brit Marling）、玫琳・愛爾蘭、凱茲・大衛（Cazzie David）、凱特・瑪拉、伊恩・丹尼爾（Ian Daniel）、凱薩琳・凱娜和碧翠絲・布朗。

感謝我的媽媽。我愛你，全心全意，謝謝你如此願意理解我、如此開明，你徹底激勵了我。

感謝所有曾經為我在世界保留一席之地、讓我得以存在的人，言語實在不足以描述我感到自己有多幸運。除了助我完成這本書，也正是多虧了無數人的幫助，包含有些我認識、有些則未曾謀面的人，我才能找到這股新生的力量、喜悅與連結。所有走在各自曲折道路上的人，所有面臨同樣困境的人，我很感謝此刻能和你們一起。

歌詞版權標記

1. Lyrics from "A Song and Many Moons," words and music by Beverly Glenn Copeland (Granny Mabel Leaf's Retirement Fund Music Pub), copyright © 2004 by B. Glenn-Copeland SOCAN. International copyright secured. All rights reserved. Reprinted by permission of Third Side Music.
2. Lyrics from "Barbie Girl," words and music by Johnny Mosegaard, Karsten Dahlgaard, Claus Norren, Soren Rasted, Rene Dif, and Lene Nystrom, copyright © 1997 by Warner/Chappell Music Denmark A/S and MCA Music Scandinavia AB. All rights in the U.S. and Canada for Warner/Chappell Music Denmark A/S administered by WB Music Corp. All rights reserved.
3. Lyrics from "Anthems for a Seventeen-Year-Old Girl," words and music by Brendan Canning, Charles Ivan Spearin, Emily Haines, James Shaw, Jessica Moss, John Jefferson Crossingham, Justin Peroff, and Kevin Drew, copyright © 2003 by Arts & Crafts Music Inc.

DBA GalleryAC MCIS, BMG Rights Management, Peermusic Publishing Group. All rights reserved. Reprinted by permission of Hal Leonard LLC and Peermusic.

4. Lyrics from "Scary Monsters and Nice Sprites," words and music by Anton Zaslavski and Sonny Moore, copyright © 2010 by Kobalt Music Publishing. International copyright secured. All rights reserved. Reprinted by permission of Hal Leonard LLC.
5. Lyrics from "The Fox," words and music by Carrie Rachel Brownstein, Corin Lisa Tucker, and Janet Lee Weiss, copyright © 2005 by BMG Rights Management and Sony/ATV Music Publishing LLC. All rights administered by Sony Music Publishing (US) LLC, 424 Church Street, Suite 1200, Nashville, TN 37219. International copyright secured. All rights reserved. Reprinted by permission of Hal Leonard LLC.
6. Lyrics from "Entertain," words and music by Carrie Rachel Brownstein, Corin Lisa Tucker, and Janet Lee Weiss, copyright © 2005 by BMG Rights Management. All rights administered by BMG Rights Management by Sony Music Publishing (US) LLC, 424 Church Street, Suite 1200, Nashville, TN 37219. International copyright secured. All rights reserved. Reprinted by permission of Hal Leonard LLC.
7. Lyrics from "Fireheads," words and music by Emiliana Torrini and Daniel De Mussenden

文字森林
READING FOREST
文字森林系列 035

佩吉男孩

他的破框與跨越

Pageboy

作者	艾略特・佩吉（Elliot Page）
譯者	艾平
封面設計	鄭婷之
內文排版	許貴華
行銷企劃	魏玟瑜
主編	陳如翎
出版二部總編輯	林俊安

出版者	采實文化事業股份有限公司
業務發行	張世明・林踏欣・林坤蓉・王貞玉
國際版權	施維真・王盈潔
印務採購	曾玉霞・莊玉鳳
會計行政	李韶婉・許俽瑀・張婕莛
法律顧問	第一國際法律事務所　余淑杏律師
電子信箱	acme@acmebook.com.tw
采實官網	www.acmebook.com.tw
采實臉書	www.facebook.com/acmebook01

ISBN	978-626-349-451-0
定價	480 元
初版一刷	2023 年 11 月
劃撥帳號	50148859
劃撥戶名	采實文化事業股份有限公司
	104 台北市中山區南京東路二段 95 號 9 樓
	電話：(02)2511-9798　傳真：(02)2571-3298

國家圖書館出版品預行編目資料

佩吉男孩 : 他的破框與跨越 / 艾略特 . 佩吉 (Elliot Page) 著 ; 艾平譯 . -- 初版 . --
台北市 : 采實文化事業股份有限公司 , 2023.11
336 面 ; 14.8×21 公分 . -- (文字森林系列 ; 35)
譯自 : Pageboy
ISBN 978-626-349-451-0(平裝)
1.CST: 佩吉 (Page, Elliot, 1987-) 2.CST: 演員 3.CST: 傳記

785.38　112015677

采實出版集團
ACME PUBLISHING GROUP